KB119953

**취향을
설계하는 곳,
츠타야**
增田のブログ

혁신의 아이콘 마스다 무네아키
34년간의 비즈니스 인사이트

취향을 설계하는 곳, 츠타야

増田のブログ

TSUTAYA
—
2007
—
2017

마스다 무네아키 지음
장은주 옮김

위즈덤하우스

2007년 2월에
CCC그룹 사원을 대상으로 블로그를 시작했습니다.
CCC의 비전과 중요시했으면 하는 가치관을
직접 전하고 싶어서입니다.

이 책은 1,500건 가까이 되는 10년 치 블로그 글 중에서
신중히 고른 원고를 정리했습니다.
소개하는 에피소드에 등장하는 분들의 직함은
원고를 쓴 시점 그대로입니다.
CCC 용어라고도 할 만한 약어도 빈번히 등장하지만
이 역시 그대로 두었습니다.
오탈자, 부적절한 발언, 사실 오인,
기억 오류 등이 많으리라 생각하지만

당시의 마음속 풍경을 되도록 충실히 전하고자
굳이 수정하지 않았습니다.
의견, 비판은 달게 받겠습니다.
다양한 분들께 폐를 끼칠지도 모르겠지만
아무쪼록 양해해주셨으면 합니다.

마스다 무네아키

PART 01 경영
오직 고객의 기분으로 생각한다

PART 04 가치
약속과 감사, 그리고 자유

PART 05 시선
일상 기획자로 살아간다는 것

경영

오직 고객의 기분으로
생각한다

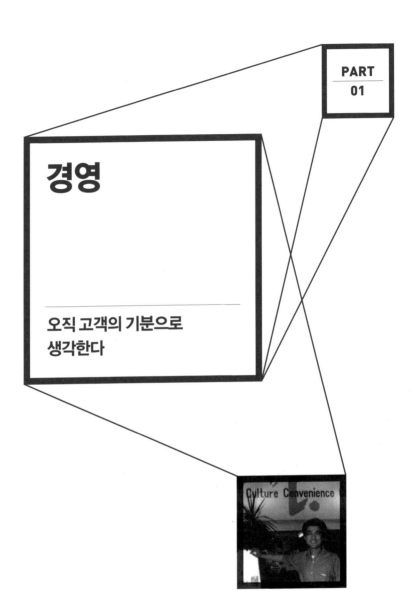

창업의 시작 1
음반 대여점 로프트

1982년 츠타야의 전신 '로프트'를 열었던 히라카타역 앞 상가 건물

현재의 츠타야TSUTAYA는
1983년 3월에 오픈한 히라카타점을
1호점으로 알고 있지만,
실은 그 한 해 전인 1982년 3월에
음반 대여점 로프트LOFT를
(시부야와 우메다 등에 있는 로프트의 개점은 1987년)
히라카타역 기타구치 앞의 오래된 상가 건물 5층에 오픈했다.

마스다는 대학 시절,
밴드(피터 폴 앤 마리 등의 포크 밴드를 카피) 활동을 해서
음악과 관련해서는 보통 사람보다 조예가 있는 편이었고
대학 동아리 분위기가 너무 좋아
당시부터 회사나 가게를 차린다면
그런 분위기의 집단을 만들고 싶었다.

음반 대여라는 새로운 업태는
로프트를 시작하기 몇 해 전,
도쿄 미카타에 '레이코도'가 생겼고
로프트를 시작할 무렵에는 '친구&사랑'이라는
300 점포가 넘는 대형 체인점이 등장했다.

일본의 그 유명한 엔터테인먼트 기업 에이벡스AVEX의 막스 마츠우라 사장도
학생 시절 '친구&사랑' 지가사키점에서 점장을 했었다며
도시샤고리 동창회에서
이야기한 적이 있다.

음반 대여점 카운터에서
고객이 어떤 아티스트를 찾는지,
어떤 상품을 빌리고, 어떤 상품을 빌리지 않는지를 내내 조사했다고 한다.
그런 조사 결과 탄생한 것이
에이벡스 창업의 원점이 된
팝송 컴필레이션 CD 기획이었다고 한다.

마스다가 살고 있는 히라카타시의 이웃 동네인 네야가와시에도
'LP뱅크'라는 음반 대여점이 생겨
마스다는 곧장 그 매장 조사에 들어갔다.

그 결과, 수익성이 매우 높은 비즈니스 모델이라는 것과
투자액도 그리 크지 않음을 확인하고는
나도 할 수 있겠다 싶어 바로 물건을 찾아 나섰다.

당시 히라카타시에는 아직 음반 대여점이 없었기 때문에
역 앞에 장소만 좋다면 1층이 아니어도
분명 손님이 찾아오리라는 확신이 있었다.
음악을 좋아하는 손님에게 음반 구매 시
2,800엔짜리 음반을 300엔에 대여해준다면
충분히 승산이 있을 거라 생각했기 때문이다.

마스다가 찾아낸 역 앞 상가의 빈 점포는
5층에 있었는데
그 상가 5층은 식당가여서
건물주에게 '음반 대여점'을 하고 싶다고 했다가
음식점만 입점할 수 있다는 이유로 거절당했다.

포기할 수 없던 마스다는
어떻게든 입점을 하려고
음식과 결합하면 가능하지 않겠냐는 기획(?)으로
건물주를 설득하여 승낙을 받아냈다.

음식과 음악(음반)을 결합한 곳에서
근사하게 차를 마신다면 어떨까?
식사와 차를 주 메뉴로 하는 '델리'라는
본격 인도 카레 프랜차이즈에 가입하여
음반 대여점&카페로
(이것이 북카페의 전신?) 문을 열었다.

마스다는 음식을 해본 적이 없어
어머니와 누나에게 주방을 맡기고
음반 대여 쪽은 스즈야 시절 부하 직원에게
점장을 부탁하고 첫출발을 했다.

개점 당일에는 예상대로 엄청나게 손님이 몰려와
평소 움직일 일이 별로 없었던 엘리베이터의
모터가 타서 멈추는 바람에
다른 점주에게 폐를 끼쳤지만
손님들은 5층까지 계단을 달려와서
가게 안은 발 디딜 틈이 없을 만큼 혼잡하여
입점 제한까지 할 정도였다.

오늘은 경영회의 멤버끼리
종일 호텔에 틀어박혀 중기 경영계획에 관해 이야기를 했더니
뜻하지 않게 창업 무렵이 떠올라 끼적여 보았다.
다음 이야기는 내일?

2007년 10월

어머니(좌)와 누나(우)

츠타야 1호점 개발

음반 대여점 로프트가
엘리베이터 모터를 태우면서까지
예상외의 호조로 출발했지만
마스다는 마음이 놓인 것이 아니라
오히려 역 반대편 1층에 똑같은 가게가
더 큰 규모로 오픈하면 손님을 빼앗겨
빚더미인 마스다 집안은 풍비박산이 날지도 모른다는 걱정을 했다.

그 길로 히라카타시역 반대편 1층으로 물건을 찾았더니
한 증권회사의 히라카타 지점이 이전한 자리에
임대 건물로 입주자 모집 간판이 나와 있었다.
증권회사가 지불하던 임대료가 턱없이 비싸
선뜻 손댈 수 있는 상황이 아니었지만,
마스다는 매일같이 건물주를 찾아가
같은 히라카타 주민이라는 친분(?)을 앞세워 원하던 임대료로 깎을 수 있었다.

당시 히라카타역 주변에는 밤늦게까지 영업하는 서점이 없어
책과 음반 대여의 복합 매장을 계획했다.

로프트의 초대 점장인 이토 군(일본 소프트서비스 'MPD' 초대 회장)은
스즈야 시절 마스다의 부하 직원으로 서점을 하고 싶다며
마스다와 함께 스즈야를 퇴사하고
츠타야 1호점의 초대 점장을 맡아주었다.

책 공급은 중개상에 의뢰하지 않으면
상품을 들일 수 없는 상습관이 있어
교토에서 서점을 하던 도시샤코리고교 친구에게
대형 중개상을 소개받았다.
하지만 개점 직전에
"서점 경험이 없다"
"아직 사업을 시작하지 않았다"
"재무 상태가 약하다" 등의 이유로 거절당하고,
머리를 싸매던 참에 신문에서 서점 프랜차이즈 가맹점 모집 전단지를 발견했다.
발등에 불이 떨어진 나는(약간 미심쩍었지만!?) 한달음에 본사가 있는
니시나카지마미나미 빌딩의 한 사무실로 찾아가
프랜차이즈 가맹을 했다.

다음 이야기는 다음에.

2007년 11월

1983년 츠타야 1호점(상)과 그 빌딩의 현재(하)

고객의 기분이 되는 방법

고객중심주의니
행동규범을 '고객을 가장 잘 아는 사람이 된다'로 삼느니 말들 하지만
최근에 이런 생각이 들었다.

매장을 만드는 것도,
T포인트 영업을 하는 것도,
성공하는 방법은 간단하다.

고객이 원하는 것을
콕 집어서 제안하면 계약은 성사된다.

답을 알 수 있다면 기획은 백발백중인데
다들 '답'을 찾으려 하지 않는다.

답을 찾으려 하지는 않고
한방만 노린다.

장사에서 그 '답'을 발견하는 방법은 간단하다.
고객의 입장에서 생각하면 된다.
혹은 고객의 기분으로 생각하면 된다.

고객의 기분으로 기획하기 위해
마스다는 고객의 기분으로 몇 번이고 매장을 바라본다.
같은 매장이라도 아침의 기분, 점심의 기분, 저녁의 기분으로.

다이칸야마점을 만들 때도
바로 앞 카페 미켈란젤로에서 사람들이 오가는 모습을 쭉 지켜봤다.

쉬는 날에도, 비오는 날에도, 찜통더위에도,
아침에도, 점심에도, 저녁에도,

통근하는 고객의 기분을 이해하려고
역에서 매장까지 수차례 걷기도 하고,

무더운 날 야외에 주차했다가
시트가 뜨거워진 것을 보고 그늘이 필요하다는 생각도 했다.

에비스가든 플레이스와 롯폰기 힐스에 매장을 만들 때는
그 거리의 생활을 알아야만 거리를 이해할 수 있다는 생각에
기획 담당자는 근처에 살아보기까지 했다.

그렇게 고객의 기분으로
답을 찾고
성실하게 그 답을 실현하면 고객은 찾아오기 마련이다.

누구나 할 수 있는 간단한 일인데
하는 사람은 적다.

2013년 8월

성장의 본질

예전에 무척 우수하다고 생각했던 사람이
요즘 만나보니 평범한 아저씨가 되어 있고,
CCC 신입사원이었던 청년이
수백 명의 사원을 둔 회사의 사장이 되어 있다.

사람의 성장이란 본인의 재능이 가장 중요하지만,
주어진 환경이나 본인의 의사, 그리고 각오에 비례한다고 생각한다.

다들 본인은 열심히 한다는 생각으로 일하지만,
시간이 흘러 결과를 보면
엄청난 차이가 난다.

마스다는 처음 사회인이 되었을 때,
갑자기 쇼핑센터 주차장 설계를 맡았다.

사내에 관련 전문가가 없어
한 손에 스톱워치를 들고 직접 시내 주차장을 조사하러 다녔다.

4명이 타고 온 차는 전부 내리는 데 몇 초가 걸리는가?
3명의 경우와 1명의 경우는 몇 초인가?
숱한 주차장에서 그 시간을 측정하여 평균치를 냈다.

또 쇼핑센터가 이익을 내는 데 필요한
1인당 매출을 계산하여
차로 올 수 있는 사람의 매출액을 예측하고
승차 인원에 따른 필요 시간부터
시간당 방문 차량을 처리하는 데 필요한
턴테이블 차량 수와
필요한 주차장 차량 수를 기획했다.

그 1년 후에는
가루이자와 쇼핑센터 기획을 맡았다.

부동산 계약이나 건축에 관한 지식,
사업 계획을 세우는 데 필요한 투자와 채산의
기초 지식도 없으면서 맞붙었다.

기초 지식은 없지만
쇼핑센터는 임차인이 들어오지 않으면
사업이 불가능하기 때문에,
임차인이 쇼핑센터에 입점할 경우
얼마나 돈을 벌 수 있을지를 시뮬레이션하여
쇼핑센터 사업으로
돈을 벌 수 있도록 임대 조건을 고민했다.

임차인이 돈을 벌려면
손님이 많이 찾아와야 하므로
손님 입장에서 매력적인 임차인의 구성을 고려하고
이미 개점한 경우에는 임차인의 사업 계획 시뮬레이션을 갖고
영업에 나갔다.
모두 경험한 적 없는 내 능력 밖의 일이었다.

결국, 불가능한 일에 도전한 사람은
시간이 흐르면 가능하게 되어 성장하지만
가능한 일만 하는 사람은
나이를 먹어도 가능한 범위가 넓어지지 않는다.

사람의 성장은 회사의 성장과 관계없이
그 사람이 불가능한 일에 도전하고자 하는

각오의 크기에 비례한다.

물론 불가능한 일에 도전하다 보면
마스다의 다이렉트TV처럼 실패하는 일도 있지만,
재무상으로는 실패해도, 경험과 인맥이라는 재산은 남는다.

이것도 말하자면, 성장.

바꾸어 말하면, 그런 사람의 성장에 힘입어
CCC도 커졌다는 생각이 드는 요즘이다.

경영이란 "실패의 허용"이라고 예전 책《정보낙원회사情報楽園会社》에 썼다.

경영의 본질이 기업과 사람의 성장에 있다면,
불가능한 일에 도전하여
살아남는다는 의미에서
경영이란 실패의 허용이라고 썼는데……

써본 적 없던 블로그를 시작한 지 6년,
달린 적 없던 마라톤을 시작한 지 5년이 지났다.

2013년 10월

츠타야 1호점 첫날의 추억

지금으로부터 31년 전 3월 24일, 아침 7시.
츠타야 창업의 순간.

두근거리는 마음으로 가게를 열었다.

처음 시작한 사업이다 보니
츠타야 서점이라고는 해도
상품 조달이 원활하지 못했다.

1983년 당시의 츠타야 1호점

당시 음반 회사가 대형 대여점에 소송을 건 탓에
대여용 LP 음반은
도매상이 상품을 넘겨주지 않았고
당연히 음반 가게에서도 팔지 않았다.
비디오는 아예 일본에 회사조차 없었다.
무엇보다 중요한 책도
반년 전부터 모 대형 중개상에 부탁했음에도
개점 직전에 거래할 수 없다는 연락을 받았다.
지금 신세를 지고 있는 출판물 중개사인 닛판도
같은 이유로 거절당할 거라 멋대로 판단하여
오사카를 기반으로 하는 서적 프랜차이즈 회사에
가맹점으로 오픈했다.
서점 경험이 없는 이토 군과 마스다 두 사람은
이런저런 책 판매 상식(?)에 놀라면서 개점 준비를 해나갔다.

아르바이트생도
츠타야 서점 이전에 오픈한
음반 대여점&카레 전문점 로프트에서
응원 차 와주었다.
개점 준비는 오픈 당일 오전 2시까지 이어졌다.

집에 돌아와 씻고
아침 5시에 일어나 다시 가게로 가서
이토 군과 아침 7시에 개점.

럭비로 유명한 근처 게이코가쿠인고교 학생들이
등교 전에 들르기에 쾌재를 불렀다.
그 순간, 이 가게는 잘 되리라고 확신했다.

계산기를 두드리다 보니 금세 낮이 되었고
이번에는 근처 회사원들이 휴식 시간에
한꺼번에 몰려왔다.
오후에도 근처 긴테츠백화점 쇼핑객과
통행인들의 발길이 끊이지 않았다.
저녁에는 하굣길 고교생과
퇴근길 회사원들로 가게가 북적였다.

날이 저물자 가게는 손님들로 꽉 들어찼고
정신을 차리고 보니 어느덧 폐점 시간인 11시.
비싼 임대료 때문에 되도록 오랜 시간 가게를 열어
임대료 부담을 덜고자
세븐일레븐처럼 아침 7시부터 밤 11시까지 영업했다.

하루 매출을 내보고는 이토 군과 둘이서 깜짝 놀랐다.
폐점 작업과 정산 작업 모두 처음 하는 일이라
손에 익지 않아 결국 자정을 넘기고 말았다.

선 채로 눈 깜빡할 새 하루가 지났다.
몸은 천근만근이었지만
마음만은 날아갈 듯한 꿈같은 하루였다.
가진 것은 없었지만
꿈만은 창대했다.
그리운 청춘의 한 페이지.

2014년 3월

타인의 평가와 자기 평가

최근에도 여느 때와 다름없이
다양한 경영자와 만날 일이 많은데,
활약하는 경영자에게서 어떤 공통점을 발견했다.
그들의 대부분은 타인(고객도 포함)이 어떻게 생각할지가 아니라,
자신이 원하거나
자신이 옳다고 생각한 일을 실천하고 있었다.

주위 눈치를 보지 않고
오로지 자신이 감동할 거리를 찾는다.
그래서 찾으면
주위 사람에게 적극적으로 추천한다.
주위 평가에는 그다지 신경 쓰지 않고
자신이 이거다 싶은 일에 집중한다.
다이칸야마에 티사이트T-SITE를 만들 때도
주위로부터 "이렇게 하라"는 말을 듣고 시작한 것이 아니라,
'이런 곳이 있었으면' 하는 생각으로 만들었다.
내가 가슴이 뜨거워지고
편안하게 느낄 수 있는 공간을 만들자고 생각했다.

우주는, 자기 외측에 있는 우주와
자기 마음속에 있는 우주, 양쪽이 있다고 생각하지만
앞으로의 시대는
자기 안의 우주가 중요해질 것이다.

자기 안에 있는 우주가
현실적으로, 사회적으로 존재한다.
앞으로 변혁의 시대에는
과거의 역사 속에서 생겨난 것들이나 상식이
새로운 세계의 이미지를 볼 수 있는 사람이 창조한 것들로
계속 대체되어 갈 것이다.
휴대전화가 스마트폰으로 바뀌었듯이.

내 안의 이미지를
더 명확하게 가시화하고 싶다.

2014년 3월

2호점은 실패한다는 징크스

츠타야 가맹 기업의
1호점은 성공할 확률이 높다.
하지만 2호점은 종종 실패한다.

직영도 마찬가지.

처음 일할 때는 다들 자신이 없으니
모든 각도에서 겸허히 '기획'을 한다.
하지만 1호점의 성공 체험은
똑같이만 하면 2호점도 성공할 거라는
착각을 불러일으킨다.

티사이트도
다이칸야마가 첫 시도였기에
모든 각도에서 기획을 거듭했다.

일의 발단은 일본의 '인구 계층 유형'과 관련하여
과거의 역사와 앞으로의 변화 그래프를 봤던 때부터였다.
젊은이는 계속해서 줄어들고
60세 이상의 노인이 계속해서 증가하는 일본,
앞으로도 그런 현상이 가속화하는 가운데
츠타야도 60세 이상의 고객인
프리미어 에이지의 주목을 끌어들이지 못하면
고객이 점점 줄어들 거라는 위기감 때문에
새로운 프리미어 에이지가 찾아오게 만드는 츠타야를
다이칸야마에서 기획했다.

입지가 좋지 않은 곳이기에
(기획력이 없으면 살리지 못할 입지를 군이 골랐다)

고객을 끌 수 있는
'상징적인 건물'을 짓고 싶었다.
미술관 같은 건물을 만들고자
창업 이래 유례가 없었던
'건물 공모전'을 기획하여
실력 있는 설계 사무소에 디자인을 의뢰했다.
그 결과, 멋진 건물이 탄생하여
다이칸야마의 명소로 자리매김했다.

또 라이프스타일을 고르는 장으로서의 츠타야가
생활 제안력을 강화하기 위해
책을 생활 장르별로 분류하는 데 도전하고,
서양서적과 중고서적도 갖추어
노인도 만족할 수 있는
깊이감 있는 상품 구색을 실현했다.

잡지야말로 생활 제안력이 가장 뛰어난 수단이라고 판단하여
세계 최고의 잡지 매장을 만들었다.

처음부터 노인을 위한 츠타야 서점으로
노인의 관심사인 '건강'에 집중하여
일본 최고의 요리 관련 매장(의식동원医食同源)도 만들고,

'어떻게 살 것인가'보다
'어떻게 생을 마감할 것인가'에 참고가 될 만한
종교와 철학, 그리고 다양한 인물의 삶의 방식을
책으로 엮은 전기 코너를 만들었다.

프리미어 에이지 고객이
여생을 풍부하게 보낼 수 있도록

여행과 주택, 그리고 자동차를
즐기는 법에 관한 책도 갖추었다.

또 이들을 실현할 만한 인재가 사내에는 부족하여
우수한 카피라이터에게 신문 광고 기획을 맡겨
접객 책임자인 콩셰르주Concierge를 모집했다.

프리미어 에이지는 아침이 빠르다는 사실에 착안하여
책과 카페 매장 모두 아침 7시에 영업을 시작하도록 했다.

그밖에 이미 자녀들이 결혼하여 독립했거나
자녀가 없는 프리미어 에이지 가정의 치유 파트너인 반려동물을 생각해
반려동물 병원이 딸린 숍을 도입하고

다리가 약한 노인의 건강을 위해
부담 없이 멀리 나갈 수 있도록
전동장치가 부착된 자전거 전문점 모토벨로Motovelo를 만들었다.
모토벨로라는 점포명은 싱어송라이터 아라이 유미에게
유민이라는 애칭을 붙였던 프로듀서의 작품이다.

또 실버 세대 여성이 더 예뻐지기 위한
에스테 살롱을 만들고

넉넉한 노인이 손주에게 선물할
해외 친환경 장난감 전문점을 출점시키고

카메라를 좋아하는 노인을 위한
카메라 전문점을 만들었다.

그리고
노인은 자가용 대신
택시를 이용하는 경우가 많으므로
택시로 오기 쉽고
귀갓길에도 택시를 잡기 쉬운
매장을 실현하고자 택시 승강장을 만들었으며

술을 마신 고객이
택시 승강장에 택시가 대기하고 있는지
확인할 수 있는 시스템을 안진Anjin 라운지에 도입했다.

그 결과, 멋진 노인이 티사이트를
'내 공간'처럼 이용할 수 있게 되었다.

다이칸야마 주변에는
독립한 크리에이터 사무실도 많아
이들이 기획에 필요한 잡지나 서적,
각각의 장르에 속하는 정보를 모은 영화나 음악 아카이브
라이프스타일 잡지 아카이브 등
기획에 필요한 자료를 모은 살롱이 바로 안진 라운지다.

크리에이터가 늦게까지 일할 수 있게
심야 2시까지 영업하여
스타벅스에서 자유로이 책을 읽으면서
업무를 볼 수 있도록 했다.

4,000평에 달하는 시설 전체가
'크리에이터의 오피스'가 되도록
친목을 도모할 수 있는 레스토랑도 들였다.

그 결과, 티사이트의 모든 곳에서
크리에이터가 맥북을 사용하여 일하고 있다.

이 지역 크리에이터에게는
24시간 편의점이 들어선 셈이니
일과 생활이 보다 편리해졌으리라 생각한다.

공간 구성과 관련해서는 상업시설이 넘쳐나는 시대를 의식하여
상업적인 요소는 철저히 배제하고
'집'을 콘셉트로 안락한 공간을 실현했다.

매장의 분류 POP와 안내판도
튀지 않게끔 펀칭 메탈을 사용하여
자연스럽게 어우러지도록 했다.

임대 매장에도
매장 간판이나 광고 간판이 드러나지 않게
최소한으로 표현해달라고 했다.

그리고 고객이
다른 고객의 '풍경'이 된다는 사고방식에서
멋진 손님이 찾아오게끔
다양한 장치를 고안했다.
일단 개점에 관한 고지를 하지 않았다.
풍경이 될 만한 고객만 찾아오게 하려고.

다이칸야마는 대사관도 많고
외국인이 많이 사는 곳이라,
멋진 외국인이 찾아오게끔
안내판은 전부 일본어, 영어, 중국어 3개 국어로 만들었다.

사실은
외국인이 있는 풍경을 연출하려고
사전 오픈 때는
모델 에이전시의 멋진 외국인 모델을 동원하여
풍경을 만들어냈다.

하지만 개점 후에는
모델에게 의뢰하지 않아도
멋진 외국인이 많이 눈에 띄게 되었다.

그 요인으로,
입점 레스토랑의 셰프가 외국인이라
지금도 많은 외국인이 레스토랑을 찾아와
시설 전반을 이용하고 있어
멋진 풍경이 연출되고 있다.

유니폼은
방문한 고객이 멋져 보이도록,
그리고 일하는 누가 입어도 맵시가 나도록
모노톤으로 하여 청량감을 연출했다.

공간 설계 역시
많은 고객이 북적이지 않는 것을 전제로
혼자 오더라도 편안한 공간이 되도록
설계자에게 의뢰하여 인간의 체격을 기준으로 한 휴먼 스케일로,
작은방 같은 콘셉트로 꾸몄다.

절대 사람이 오지 않을 거라 생각하고 만들었던
다이칸야마 티사이트.
철저한 시장조사로 다양한 각도에서 콘셉트를 잡아
혼자 방문해도 안락한 공간이 될 수 있도록 했다.

그런 일을 많이 해왔지만
실제로 고객이 찾아오는 것을 보니
이 같은 보이지 않는 노력은 깡그리 잊고
성공 체험만 갖게 되어
똑같이만 하면 간단하게 성공할 수 있다는 착각에 빠진다.
사실은 두 번을 해도
무척 어려운 일인데…….

2014년 6월

계획과 집념

오늘은 아침 8시 15분부터
CCC 본부 회의.

그 후 그룹사 회의가 있고
오후에는 파트너 기업과의 미팅 차 외출.

오래 자리를 비웠더니
사장실 멤버와도 미팅, 관련사와도 미팅,
이번 주에 만날 T포인트 제휴 기업과의
사전 회의 등
귀국 첫날임에도 분주하기 짝이 없다.

최근 이런 분주함 속에서
중기 계획을 세워야겠다는 생각이 들었다.
숫자뿐인 중기 계획을 여러 곳에서 세웠지만
그런 것들에 마스다는 항상 스트레스를 느낀다.

지금 알고 있는 것과
읽을 수 있는 숫자로 조립을 해도
지금은 보이지 않는 장래에 일어날 변화와
새롭게 생겨날 기회
그것을 이룰 집념 등으로
수치(결과)는
크게 달라지기 때문이다.

마스다는 창업 이래 항상 '어떻게 되고 싶은가?'
경쟁에 이기려면 '어디까지 해야 하는가?'만을 생각하며
목표를 세워왔다.

그 실현을 위해 필요한 과정은
사실 늘 보이지 않는다.
그래서 중기 계획을 세우고 나서
이 숫자를 어떻게 실현할지
날마다 고민한다.

집념이 없는 사람은 문제점을 지적하고
집념이 있는 사람은 가능성을 논의한다.
이 말은 거의 같은 의미다.

인생이나 일이나
처음부터 정해진 것을 하는 게 아니기에
나의 인생과 나의 미래는 즐겁게 설계하고 싶다.

하고 싶다는 생각,
경쟁에 지지 않고 살아남는 것,
그것을 위해서라면

사람은 노력할 수 있다.
리더가 그런 생각으로 중기 계획을 만들지 않으면
사원도 힘을 얻지 못하고
결과적으로 큰 성장도 기대할 수 없다.

그룹이 커져,
리더에게 계속 권한을 위양해가는 것도
그런 리더가 되기를 바라서겠지만…….

더 큰 꿈을 그리기 바란다.

회사의 규모는
사원 한 사람 한 사람의 꿈의 총계, 바로 그것이니까.

2014년 6월

돈벌이가 되는 일이란

마스다의 동창생 중에 부잣집 도련님이 있다.

선대가 남긴 토지에
부모가 임대 맨션과 임대 빌딩을 지어
그에게는 매월 안정적인 수입이 들어온다.

그래서인지 그는 대학 졸업 후 지금껏 일을 한 적이 없다.
지금도 매일같이 골프를 치고 여행을 다니며
부탁받은 지역 임원 활동이나 경제 단체 활동에 열심이다.

그런 그도 한때 사업을 하려고
여러 차례 도전했지만
번번이 실패했다.
사람은 나쁘지 않은데
마케팅의 기본도 모르고
투자 채산 계획도 짤 줄 모른다.

하지만 돈을 쥐고 있다.
특히 자산이 많다는 것을 주위에서 알기 때문에
다양한 돈벌이 목적의 인간 군상이 모여든다.

새로운 사업에 투자하지 않겠느냐는 부추김에 돈을 쏟아붓고,
사업은 잘 되는데 자금이 부족하다는 말에
돈을 빌려주고
한물간 레스토랑을 사들이거나……
그렇게 그는 물려받은 자산을 적잖이 탕진했다.

돈벌이란,
돈을 벌고 싶어 하는 사람이 실현하는 것이 아니다.

사회적으로도 의미 있는 고객가치를 기획하여
그것을 적절한 비용으로 실현했을 때만 이익이 남는 법이다.

비즈니스는 다양한 이해관계 위에 성립한다.

고객은 '가치'라는 관계에서 성립하고
거래처는 '거래 조건'이라는 관계에서 성립하고
사원은 '급여'라는 관계에서 성립하고
주주는 '배당'이라는 관계에서 경제적으로 성립한다.

만일 각각의 관계가 영합하고 있다면 어떻게 될까.

고객에게 원가 이하로 물건을 싸게 팔고
사원에게 법령 이상의 높은 급여를 지급하고
말도 안 되는 거래 조건으로 사입하고
주주가 기뻐할 과감한 배당을 한다면
회사는 눈 깜빡할 새 도산한다.

따라서
비싸도 고객이 원하는 고객가치를 기획하여,

사원이 급여 이상으로 일하고 싶어 하는
회사나 일을 만들거나,
거래처가 미래의 사업 전개를 기대하여
믿고 납득해주는 조건으로 거래가 생기거나,
적은 배당이라도 투자를 해주는
미래 가치가 있는 회사를 실현했을 때만
회사는 돈을 벌고 사원은 성장하며
거래처 역시 함께 성장할 수 있다.

'돈 버는 사업' 따윈 애초에 존재하지 않는다.

돈을 버는 것은 그러한 노력의 결과이지 원인이 아니다.

"돈벌이가 된다"는 말을 듣는 순간,
마스다는 귀를 막는다.

그런 속 편한 일이나 사업은
한때는 존재해도 지속될 수는 없다고 생각하기 때문이다.

그런 어려운 사업을
즐기고 실현하고자 CCC를 시작했다.

그래서 어려운 국면에 처해도
일은 즐겁고 동료도 더없이 소중하다.

2014년 6월

회사의 성장은 곧 결과

어젯밤에 어느 회사 사장이
일 관련 상담을 청해왔다.
그의 회사는 설립한 지 몇 년밖에 되지 않았지만
현재 급성장 중이다.
그래서 고민이라고 한다.

지금의 기세를 몰아 더욱 성장에 박차를 가할 것인가,
숨고르기를 하며 내부 인재 육성에 힘쏠 것인가,
하는 상담이었다.

마스다의 답은 심플하다.
경영이라는 것은
경영자가 선택하는 것이 아니다.
급성장할 수 있는 기회가 있다면
그 기회를 살려야 한다.
그렇다고 인재 육성을 소홀히 해서도 안 된다.

그러니까
마스다의 답은 지금의 기세를 소중히 여기고
그 기세를 활용하여 미래의 인재를 키워야만 한다는 것이다.

마스다도 창업 3년 차에 접어들 무렵,
오사카 에사카에 오픈한 츠타야가 화제가 되면서
많은 사람이 견학을 오고 매장 개설 의뢰가 쇄도했다.
당시는 그런 매장 개설이 가능한 체제도
지원 자체도 없었지만 받아들였다.

그 결과, 도쿄와 규슈에 지점을 만들 수밖에 없었고
인재 부족으로 대대적인 채용이 이뤄졌다.
결과적으로 많은 매장을 개설하고
지원할 수 있을 정도의 회사로 성장했다.

만일 매장 개설 의뢰를 거절하고
내부 충실이라는 미명 하에 그런 일을 하지 않았더라면
나 나름의 일은 잘했을지 몰라도
인재 확보와 육성은 불가능했을 것이다.

무리를 해서
다이렉트TV라는 일에 착수하고
우수한 업계 사람을 만나
콘텐츠 비즈니스의 구조를 이해했던 것이
오늘날 성장의 요인이 되었다.

회사의 성장이나
인재 육성은 '결과'이며

그것을 이루는 것은
경영자의 용기와 도전이다.

2014년 8월

내세울 수 있는
'기획'을 만든다

마스다는
'숫자'를 질문하는 일이 많다.

왜냐하면
사람들에게 설명할 때 숫자로 설명하면 잘 전해지니까.

예를 들어,
지금 실내 온도가 26도라고 하면 덥구나 생각하고
18도라고 하면 춥구나 생각한다.

그런데
"지금 몇 도예요?"라고 질문하면
"더우세요?"라고 대답한다.
온도를 물었는데
엉뚱한 대답을 한다.

"이 통로는 몇 미터인가요?"라고 물었는데
"다이칸야마보다 넓습니다"라고 대답한다.

양쪽 모두 숫자를 파악하고 있지 않은 것이다.

상대가 듣고 싶어 하는 대답은 하지 않고 그 자리를 모면한다.
기획회사에서는
그렇게 일해서는 안 된다.

모르면 물어보면 되고,
물은 결과,
그 통로 폭은
정보로서 인풋이 된다.

넓다고 대답한 사람에게는
통로 폭의 숫자가 머리에 들어오지 않는다.

그러니 다음에도 똑같이 대응한다.
일단 숫자를 외워버리면
그 사람의 지식이 된다.

파워포인트에 의한 프레젠테이션도
마스다에게는
영업할 때 정보를 잘 전달하는 방법으로
사용하는 수단에 지나지 않는다.
목적은 '전하는 것'이다.

어제도
후타코타마가와 프로젝트를 함께했던
기업 대표를 안내했지만,
말이나 숫자로 설명하는 쪽이
잘 전해질 때는 '구두'로 하고
종이나 도면 혹은 사진으로 설명하는 쪽이
잘 전해질 때는 '종이'를 사용한다.

현장을 봐야 잘 이해할 수 있는 사항에 관해서는
'현장'을 안내한다.

우리가 지향하는 매장 구성의 방향이나 목표는
파워포인트로 프레젠테이션한다.

어디까지나
파워포인트는 수단에 지나지 않는다.

전하고 싶은 것이 있기 때문에
그것을 파워포인트에 담을 뿐이다.

회의에서 종종
다른 사람이 만든 파워포인트 자료를
그저 페이지만 넘기고 있을 뿐
내용에 관해 전혀 이해하지 못하는 사람이 있다는 사실에 놀란다.

프레젠테이션 내용을 질문해도 전혀 답하지 못하고
오로지 파워포인트 페이지만 넘긴다.

전하고 싶은 것이 있어 파워포인트를 만들었을 텐데
파워포인트를 만드는 것이 목적이 되고 말았다.

시대의 흐름을 제대로 분석할 줄 알고
정말로 고객가치가 있는
기획으로 정리했다면
자신만만하게 설명할 수 있을 것이다.

그것이 불가능한 이유는
내용이 내세울 만큼 정리되어 있지 않아서가 아닐까.

과거에 만든 기획에 안주하지 말고
작은 것이라도 좋으니
한 사람 한 사람이 내세울 수 있는 '기획'을 만들었으면 좋겠다.

회의실에서 공허한 응답을 들으며
항상 그런 생각에 젖는다.

2014년 8월

2호점이 실패하는 이유

2호점은 실패한다는 징크스를
마스다는 수차례 봐왔고
직접 경험해왔다.

츠타야는 히라카타에 1호점을 만들고
많은 고객의 성원에 힘입어 그 기세로
두 정거장 떨어진 고리엔에 2호점을 열었다.
하지만 이 매장은 대실패.

실패한 매장의 재고와 집기를
어딘가로 옮겨야 해서
찾았던 물건이 에사카의 창고였다.
후에 츠타야 사업이 크게 발전하는 원동력이 되었던 에사카다.

왜 고리엔점은 실패했을까?

아마도 1호점의 성공 경험이
원인이 아닐까 싶다.

성공은 실패의 어머니,
실패는 성공의 어머니라고 흔히 말하지만
고리엔의 실패가 정말 그랬다.

1호점을 만들었을 때는
시장조사를 하고
경쟁점을 조사하고
진짜 고객의 기분이 되어
어떤 매장에 가고 싶은가?
빌리고 싶은 상품은 있는가?

매장에 갔을 때 설레는가?
사원이나 아르바트생이 일하기에 즐거운 환경이 갖춰져 있는가?
작업에 헛됨은 없는가?
등의 다양한 각도에서 매장을 기획했다.

실패하면 빚을 갚을 수 없을뿐더러
사업에 그치지 않고 가정까지 무너질 수도 있다는
리스크가 두려웠기 때문이다.

하지만 1호점이 성공하니
매월 돈이 남아 빚이 있는 것도 잊고
더 돈을 벌려고 한다.

'이렇게 하면 이렇게 된다'는 성공 체험을 쌓은 터라
'이렇게 하면'이 가능한 물건을 찾는다.

고객의 기분으로 매장을 만드는
과정을 밟는 것이 아니라
성공 패턴을 하나 더 만들려고 한다.

하지만 고객은 가고 싶은 매장에는 가지만
가고 싶지 않은 매장에는 가지 않는다.
장소가 다르면 경쟁도 다르고 고객을 둘러싼 환경도 다르다.
지방에서 성공했다 하여
도시에서도 똑같이 하면 실패한다.
왜냐하면 도시는 지방과 달리
시간을 즐길 모든 서비스가 존재하고 경쟁점도 엄청나게 많다.
인구가 적으면 서비스도 적다.

불꽃 튀는 경쟁이 없는 지방에서의 사업과
도시에서 추구하는 매장이나 사업은 전혀 다르다.

고객을 보지 않는,
혹은 일하는 사원의 설렘을 고려하지 않고 만든 매장은
사람이 모일 리 없고 일하는 사원도 즐겁지 않다.
성공 체험은 그런 기본적인 것에서
사람의 눈을 멀게 한다.
그래서 2호점은 실패하는 일이 많다.

바꾸어 말하면,

2호점의 경우 1호점의 경험을 토대로
더 고객의 입장에 서서 생각하고
사원이나 아르바이트생 입장에 서서
더 가고 싶어지는
혹은 더 일하고 싶어지는 매장을 기획할 수 있다면
1호점 이상으로 성공한다.

새삼, 인간이란 참으로 유혹에 약하고
오만불손한 생물이라는 생각이 든다.
일을 성공시키려는 노력보다 겸허함을 잃지 않는 게
사실 성공에서 더 중요할지도 모른다.
성공하면 자신이 생겨 남의 이야기도 점점 들리지 않게 된다.
그래서는 제대로 될 리가 없다.

마치 종교에 귀의라도 하듯 하루하루 반성의 날들.

2014년 10월

경영이란 실패의 허용이다

사람은 누구나 실패를 한다.
불가능한 일을 하니까.
불가능한 일을 하지 않으면 성장할 수 없다.

기획회사의 성장은
매출이나 이익의 크기가 아닌
기획회사를 구성하는 인재의 기획력으로
측정되어야만 한다.

일전에도 실패를 하고 말았다.
하지만 이런 실패를 함으로써
인간으로서의 경험치는 커지고
다음 기회에는 반드시 성과를 낼 수 있다.

실패했다고
기죽어 있으면
그 기회는 잡을 수 없다.
실패도
성장을 위해 열심히 노력했던 테마라면
반드시 그 사람에게 도움이 된다.
사실 성공에는

항상 실패라는 발판이 있다.
성공 체험은 발판이 되지 않는다.

실패한 사람은 실패를 경험 삼아
긍정적으로 다음 기회에 재도전하고,
실패한 사람이야말로 그 힘이 축적되어 있는 만큼
경영의 기회도 다시 주어야 한다.
좋지 못한 생각으로 실패했거나
일을 대충 해서 실패한 실패는 안 되겠지만.

기업이 성장하면 성장할수록
실패의 크기도 커진다.
하지만 성장을 위해서는 도전이 필수다.

그래서 실패한다.

돌이켜보면 많은 실패를 해왔다.
누구나 알고 있는 것도 알지 못하는 것도.

그런 실패를 하고도
지금껏 살아남은 것은
그 실패를 성장의 이익으로 받아들여 왔기 때문이다.

즉
"경영의 본질은 실패의 허용"이라는

마스다가 중요시하는 말을 떠올려본다.

2014년 11월

모방은 곧
후퇴다

기획은 북극해의 빙산 같은 것.
바다 위에 떠오른 부분의 몇 배나 되는 얼음이
수면 아래에 있어 그 부력으로 빙산은 떠올라 있다.

마스다의 프레젠테이션도
빙산 같다는 생각이 든다.
프레젠테이션 하지 않은 많은 경험과 정보가
마스다의 프레젠테이션 근저에 있다.
마스다의 프레젠테이션을 모방해도
왠지 모를 얄팍함이 묻어나는 것은
그런 이유에서다.

중요하다는 메시지도
다양한 경험을 했거나 다양한 것을 알고 있는 사람이 전하는 것과
그것밖에 모르는 사람이 전하는 것은
설득력이 전혀 다르다.

다이칸야마 티사이트는 12월에 개점 4년째에 접어들었다.
여러 사람이 모방해도 절대 따라오지 못한다.
그 이유는 티사이트를 만드는 과정에서
다양한 생각과 다양한 실패를 쌓으며
완성되었기 때문이다.
쇼난 티사이트는
그러한 경험을 바탕으로
더욱 새롭게 시도하여 만든 상업시설로
최근 3년 동안 다양한 변화가 있었다.
그 변화를 수용하여 만들었기 때문에
쇼난 티사이트는 더욱 매력적인 공간이 되었다.

일진월보의 시대에
모방하는 행위는
후퇴를 의미한다.
우메다든 후타코타마가와든
새로운 일에 여러모로 도전하고 있지만,
긴 안목으로 보면 이는 당연한 일로
특별히 자랑할 거리는 아니라고 생각한다.

항상 얼마만큼 고객의 미래를 생각하고
물건에 대한 깊은 이해로 기획의 질을 높일 것인가?
이런 집념만이 시대를 창조해낼 수 있다.
시대의 변화가 빠르면 빠를수록
CCC는 언제나 시대를 창조하는 기업이고 싶다.

2014년 12월

영업을 하면서 생각한 것

우리는 '기획'을 팔고 있다.
하지만 기획이란 것은
고객의 이해 영역 밖에 있다.
본 적도 없을뿐더러
설명을 들어도 모를 때가 많다.

영업을 하면서 경영자에게는
두 가지 타입이 있음을 깨달았다.
적극적으로 우리의 제안을 이해하려고 노력하고
이해하지 못해도 한 번 해보겠다며
리스크를 안는 경영자와,
아무리 친절하고 정중하게 숫자로 설명해도
리스크가 두려워서 결단하지 않는 경영자,
이 두 가지 타입이다.

고도성장을 할 때의 경영자는
굳이 리스크를 안지 않아도
인구 증가와 국가 발전에 의해 본업의 매출이 늘었다.
하지만 계속해서 새로운 기술혁신이 생겨나,
국제 간 경쟁에 노출되고 인구가 줄어드는 일본에서는
변하지 않는 것이야말로 리스크라고 생각한다.

왜냐하면 사내 사람들은 과거의 성공 체험에 취해 있고
매달 매출은 오르고 있으니
진취적이면서도 새롭고 혁신적인 기획이
좀처럼 올라오지 않는다.

오늘 만난 회사의 사장은
사원들에게 매일
발명을 요구한다고 한다.
즉 매일 발명하는 회사다.

발명이란, 과거에 없었던 것을 기획한다는 점에서
표현은 다르지만
CCC의 사상과 완전 똑같아 감명을 받았다.
이런 회사의 사장이 세상을 바꾸어가고
회사를 성장시키는 경영자라고 생각했다.

잊고 있었던 행동 규범
"실패를 두려워하지 않은, 그다음에 성장이 있다"를 떠올렸다.

CCC도 매일 발명하지 않으면
기획회사는 사라지고 말 거라고.

그러고 보니
최근에는 맥북만 사용하는
크리에이터 고객이 많은 것을 눈치 챈
사장실 멤버가
맥북 전용 접속 비품을 마련해뒀다.

이것도 작은 발명!

2014년 12월

진실은 하나일 수도,
하나가 아닐 수도 있다

세상의 전쟁은
종교에서 비롯되었다.
역사책에 그렇게 쓰여 있다.

각각의 종교는
그 계율이 전혀 다르다.
힌두교에서는 소를 먹거나 도살해서는 안 된다고 가르치고,
이슬람교에서는 돼지를 먹지 말라고 가르친다.
이슬람교 신자가 힌두교 신자 앞에서
소고기를 맛있게 먹는다 해서
감정적으로 받아들일 수 없고
그 반대도 마찬가지다.

그밖에도
결혼한 남녀가
과연 이 사람을 선택한 것이
인생에서 잘한 일인지 어떤지,
헤어지는 게 나은지 어떤지,
이대로 지속해도 괜찮은지 어떤지
고민하기도 한다.
하지만 그런 것들의 진실을 추구하여
끊임없이 생각하고, 책을 읽고, 다른 사람에게 물어보다가는
인생은 그렇게 끝나고 만다.
그만큼 정답이 하나인 것은 많지 않다.

CCC가 지향하는 기획회사 일도
답이 하나가 아니다.

그런데
정답을 찾아 논의와 연구를 거듭하다가
시대는 바뀌어버린다.

마스다는 과거에
정말인지 아닌지,
고객을 기쁘게 할 수 있는지 없는지,
혹은
그 자금이 이익을 내어 빚을 갚을 수 있는지 없는지에만
신경을 곤두세우며
일을 해왔다.

진실을 구하는 것은 학자의 역할이며
사업가는 현실적인 가치를 낳는 것만이
제 역할이라고 생각했기 때문이다.

그래서
사내의 무엇이 옳고 그른지를 가르려는 사람이나
그런 회의에는 전혀 흥미가 없다.
누가 리스크를 안고 그 기획을 사업화하려고 하는가,
그것밖에 보지 않는다.

리스크를 안는 사람에게만
진실은 존재하는 법이니까.

2015년 1월

주체성을 키우려면

기획회사로서
세계 최고가 되겠다고 결의한 날부터
명령으로 움직이는 조직이 아닌
철저히 정보를 공유하고, 모두가 주체적으로 생각하고 움직일 수 있는
조직을 만들겠노라 다짐했다.

주체성을 키우기 위해
되도록 명령을 하지 않는
상사가 되고자 노력해왔다.
상사를 움직이려면 부하 직원도
현장이 원하는 정보가 필요하다는 생각에
자연스럽게 정보를 공유할 수 있는 팀을 목표로 했다.
물론 조직으로서는
명령하는 쪽이 빠르고 효율적이지만
일부러 효율을 희생해왔다.

회사에 일이나 돈이 없을 때는
함께 이것저것 생각하고
다양한 시도를 해보며
팀에서 혹은 회사에서 일을 처리해왔다.
그 과정에서
헛됨도 많았지만
주체적으로 움직이는 사람을 키웠다고 생각한다.

그러나 회사나 조직의 규모가 더 커지면
팀의 리더는 그 이력으로
사회에서 치켜세워지고
사내에서는 부하 직원이 늘어
일을 하고 있다는 느낌이 커진다.

거기에
가맹점 로열티나
그 밖의 안정된 수입으로 이익이 나면
일을 하고 있다는 느낌이 더욱 커져간다.

게다가
일정하게 정해진 루틴 워크가 늘어
각각의 업무를 처리할 수 있는 체제가 생기면
명령으로 움직이는 조직이 되고
그 결과, 주체성까지 빼앗긴다.

고객을 생각하지 않고
경쟁사의 움직임에 둔감해져,
고객에게 외면당하는 등
호된 값을 치르고 나서야
정신이 버쩍 든다.

기술혁신이 격심한 시대에는
새로운 기술을 이용하여
새로운 경쟁이 계속해서 생겨난다.
즉,
새로운 테크놀로지로
새로운 서비스를 낳는 벤처기업에
안정된 수입에 안주하지 않는 사람이 몰린다.

변화에 대응만 하고 있어서는 회사가 무너지고
변화를 만들어내지 않는 한 회사는 성장할 수 없다.

주체성이 없는 사람의 집단은
변화에 뒤처져
사회에서도 도외시당한다.

고객이 기뻐할 기술이나 서비스를
더 기획하여 실현하는
벤처기업의 정신을 잊어서는 안 될 것이다.

2015년 1월

각오가 되었는가

"각오는 있는가?"

CCC가 지금 다루고 있는 많은 프로젝트,
그중의 한 프로젝트를 맡게 된 사원이
신세를 졌던 상업시설의 총괄 프로듀서에게
인사 차 들렀을 때 들은 말이라고 한다.

생활 제안업이라고 하면서
생활 제안을 할 수 있는 사원이 적은 현실.

예를 들면,
음식
주거
패션
디지털
카라이프
아트&와인 등

마스다를 포함하여 고객에게 제안할 수 있는 콘텐츠를
갖고 있는 사원은 많지 않다.
또한,
1,000평이 넘는 점포나 상업시설을 만들거나
그 상업시설의 백엔드인 IT를 만들었던 사람도 많지 않다.

마스다가 입사 2년 차에 아무것도 모른 채
가루이자와 벨커먼즈를 맡았던 당시와
비슷한 수준의 경험과 지식밖에 없는 사원.
그런 사원이라도
가루이자와 벨커먼즈를 맡았던 마스다처럼

여러 전문 스태프에게 도움을 받아가며
다양한 일을 실현할 수 있는 가능성은 높다.
할 수 있기 때문에 맡기는 것이 아니라
하고 싶은 사람에게 맡긴다.

할 수 없더라도
프로젝트를 성공시키기 위해 필요한 것.
그것은 '각오'다.

각오가 있다면 피하지 않는다.
각오가 있다면 변명하지 않는다.
각오가 있다면 도와주는 사람도 나타난다.
각오가 있다면 발견의 기회도 생긴다.

그런 일을 수없이 겪어 알고 있는 사람이기에
CCC 사원에게 "각오는 있는가?"라고
큰소리로 엄포를 놓았을 거라 생각한다.

다시금
좋은 외부 사람을 만난 것에 감사했다.

2015년 3월

신용을 쌓는다는 것

마스다는 스스로의 체험에서
신용을 쌓기 위해 해서는 안 되는 것들을
수없이 보고 경험하면서 터득해왔다.

그중 하나가, 남 탓을 하지 않는 것.

사람과 사람이 약속을 하고 그것을 반복하여 실현함으로써
신용은 생겨난다.

애플이 출시하는 신제품을 구매한 고객이
'이 제품은 좋다!'라는 체험을 여러 번 반복하면
'애플은 대단해!'라며 브랜드가 된다.

마스다도 작은 약속, 큰 약속, 술자리 약속을 포함하여
되도록 많은 약속을 하고
그것을 실현함으로써
상대가 신용할 수 있게끔 노력해왔다.

하지만 회사가 커지고 일의 규모도 커지면
남에게 부탁할 일도 많아진다.

예를 들면, 고객이 의뢰한 건축 관련 일도
직접 할 수 없으니 건설 회사에 부탁하고
상품 조달도 도매상에 부탁한다.

부탁한 상대가 약속을 지켜주어야
비로소 마스다와 고객의 약속이 실현되는데
거래처 기준으로 본다면 작은 CCC와의 약속은
종종 뒤로 밀리는 경우가 많았다.

그럴 때 마스다는 거래처 탓을 하지 않고,
상품이라면 직접 제조 공장까지 가지러 가거나
건설 자재가 부족할 때면 직접 조달에 나서기도 했다.

왜냐하면, 마스다는 거래처 탓이라 생각하더라도
고객은 마스다를 약속을 지키지 않는 남자(회사)로
여길 거라 생각했기 때문이다.

그래서 '절대로' 남 탓을 하지 않았다.

계속 그렇게 하다 보면
다양한 일과 의뢰가 들어와
저절로 정보가 모이고
결과적으로 기획력도 올라
다시 새로운 기획으로 이어질 거라 생각했으니까.

2015년 4월

직감력

데이터를 보며 세상의 변화를 발견하고,
데이터를 보며 고객의 사고를 이해한다.
하지만 데이터만으로는 아무것도 생기지 않는다.

데이터베이스 마케팅 기업이라고 말하면서도
데이터에서는 아무것도 생겨나지 않는다고
창업 이후 쭉 그렇게 생각해왔다.

중요한 것은 데이터를 읽는 감성과 경험.

하지만 그 이상으로 마스다가 중요시하는 것은
인간이 갖는 '직감력'이다.

창업 이래 많은 사람들과 면담을 하다 보니
이 사람은 신뢰할 수 있겠다거나
이 사람은 일을 잘할 것 같다거나 하는 것이
직감적으로 느껴질 때가 많다.

물론 빗나가기도 하지만.

물건에 관해서도
이 물건은 좋다 나쁘다 등
현장에 찾아가보면 느끼는 점이 많다.

좀 더 말하면, 직감으로 느꼈던 것을 검증하기 위해
다양한 조사를 거쳐 논리적으로 판단한다.

마스다에게 데이터는 기획을 위한 도구가 아니라
검증이나 사람을 설득하기 위한 도구다.

일전에도 지인이
어떤 물건을 봐달라고 해서 현지로 찾아가보았다.

그곳에서 느낀 왠지 모를 부족함.
뭔가 납득이 가지 않았기에
좋은 물건이라고 말하지 않았다.

그 후, 그 물건으로 안타까운 사고가 일어났다.

논리적으로 해명할 수 없지만
인간은 그런 것을 느끼는 힘을 지니고 있다.

CCC가 상장했던 무렵,
늘 관리 담당에게 "직감적으로"라는 말을
사용하지 말라는 말을 들었다.

직감으로 경영하는 것은 수준 낮은 경영처럼 느껴져
주가에 영향을 끼친다는 이유로.

하지만 인간이 지닌
상상력과 직감력을 살리는 것이야말로
정보화사회에서는 중요한 전략이다.

숫자의 집계와 해석은 컴퓨터가 해주는 시대.

요즘 들어,
인간이 본디 타고난 재능을
더 살릴 수 있는 경영을 해야만 한다는 생각이 절실해진다.

2015년 5월

분업화의 폐해와
비즈니스 기회

창업 당시의 마스다

모든 일은 한 사람에게서 시작된다.

츠타야를 하려고 생각했던 것도
마스다의 머릿속.

이토 군을 부추겨 히라카타에서 츠타야를 시작했다.

설계도, 공간 구성도, 상품 조달도,
아르바이트 채용도, 매장 분류 POP도,
계산대 설치도, 매출 일보도,
게다가 은행 대출까지 모두 둘이서 했다.
물론 점포 시공이나
간판 등은 전문 회사에 의뢰했지만.

그 일들을 하기 위한
콘셉트의 이해,
매출 계획을 세우기 위한 시장조사,
아르바이트생의 교육 매뉴얼,
시프트 표까지
둘이서 고안했다.

개점 첫날은
매출을 세는 데만 엄청난 시간이 걸려
계산 착오를 조사할 여유도 없었다.

영업이 끝나면 상품을 다시 선반에 갖다 놓고
다음 날 영업 준비를 했다.

둘째 날은
상품을 납품하면서
어떻게 분류하고 어떻게 제안해야 할까 생각하면서
상품을 진열하고
POP를 붙였다.
아무튼 뭐든 둘이서 했다.

물품 개발도 몇 개월이 지나서야 업체와 교섭을 하고
계약서를 받아 변호사에게 상담했다.
결국 세금 신고는 세무사와 하게 되었지만.

하지만 매장이 성공하니
2호점, 3호점을 내는 과정에서 조직이 생겨
뭐든 하는 조직에서 작업 분담이 가능한 체제가 되었다.

예를 들면
출점은 출점 담당자,
상품은 상품 담당자,
운영은 운영 담당자,
그리고 경리와 인사 등의 백엔드는 관리 담당자,
하는 식으로 분업화했다.

매장이 전국으로 전개되자
지역 담당자가 생기고
IT와 데이터에도 전임 담당자가 생겼다.
출점과 운영을 효율적으로 할 수 있는 조직이 완성되자
일이 루틴 워크가 되었다.

일전에 CCC의 한 회사 경영진들에게서,

역할 분담이 진행되니
정보가 분산되어
전체적인 정보 공유가
이뤄지지 않고 있다는 인상을 받았다.

예를 들면, 식품 관련 생활 제안을 하는 사람은
매일 다양한 식품에 대해 공부해야만 한다.
적어도 이탈리아 밀라노의
식품 박람회는 가봐야 하고
식품과 관련한 모든 정보를 갖고 있지 않으면
새로운 식품 매장의 기획은 불가능하다.

하지만
대기업의 식품 담당자는
식품 매장을 맡고만 있을 뿐,
담당자에게 기본적으로 필요한 정보를
갖고 있는 경우가 적다.

맡은 매장의 매출을
작년보다 더 올리려면
어떻게 해야 좋을지
공급자 측 사고로 머리를 움직인다.

사실은 고객의 기분으로
세계의 다양한 식품이나 레스토랑,
새로운 식품 시스템 등을 꼼꼼히 둘러보고
새로운 식품의 라이프스타일을 제안해야 하지만
그런 움직임을 보이는 대기업 담당자는
본 적이 없다.

그래서
20여 년 전에 데이터베이스 마케팅 기업이 되겠다고
말했을 때 무시당했지만,
요즘 들어
생활 장르별 라이프스타일을 제안하는 영역에서
일본 최고를 목표로 하고 싶다는 생각이 든다.

무슨 말도 안 되는 멍청한 소리를 하고 있느냐고?
그런 생각이 들었다면 내 생각이 적중한 것이다.

왜냐하면
똑같은 것을 하는 사람이 나오지 않아서
첫 번째가 될지도 모르니까.

최근 마스다가 비밀리에 기획하고 있는 아이디어다.

2015년 12월

회사를 키우는 이유

좋아하는 일을
함께
즐기기.

회사를 시작했던 무렵에
마음에서 우러나온 말이다.

어차피 일을 할 바에야
좋아하는 일을, 좋아하는 친구들과,
즐기면서 하고 싶다고.

물론 32년 동안
일이 즐겁기만 한 것은 아니었지만,
돌이켜보면 대체로 즐거웠고
지금도 즐겁다.

여러 고비도 있었지만.

첫 고비는
히라카타점을 오픈하고
대박이 나자
에사카에 츠타야 서점 2호점을 내었을 때다.
당연히 한 점포밖에 관리할 수 없는 시스템으로
2호점을 열었던 터라
1호점인 히라카타점은 점점 부실해져 갔다.

매출은 떨어지지 않았지만
고객 서비스가 서툰 아르바이트생이 중심이 되자
서비스 수준이 떨어졌다.
그때, 자주 가던 음식점인 하이디의 여주인으로부터
"매장을 늘리는 것은 회사 마음이지만
그 때문에 소중한 고객을 희생해서는 안 된다."
라는 가르침을 받았다.
확실히 서비스가 떨어지면
고객은 불만이 생겨 매장을 찾지 않게 된다.
그래서는 영업을 계속할 수 없다.

2호점을 만들고 주위에서 치켜세우자
우쭐해 있던 마스다에게 소중한 한 마디였다.
즉시 에사카점을 만들었던 때 이상의 서비스를
히라카타점에서 실현하려고 분발했다.
그 결과,
에사카점의 수준도 오르고 고객도 기뻐했다.

CCC를 만들어 프랜차이즈를 시작하던 무렵에도
비슷한 경험을 했다.
마스다가 창업 이래 많은 지도를 받아왔던
외삼촌에게
"무엇을 위해 회사를 키우느냐?
회사를 키우고 싶은 마음은 이해하지만
커지면 자유롭지 못해"라는 말을 들었다.

회사가 커지면
왠지 자신이 훌륭해진 것 같은 착각을 일으키지만,
확실히 빚도 늘고 사원도 늘어
관리할 것이 늘면서 즐겁지 않은 일도 늘어났다.
외삼촌은 인생은 유한한 만큼
즐겁지 않은 일은 늘리지 않는 게 좋다는 말을
해주고 싶었을 거라고, 그때 생각했다.

하지만 마음속에서는
회사가 커져야만 할 수 있는 일도 있고
할 수 없는 일이 있다는 것은
자유가 아니라고 생각했다.
진정한 자유를 찾아 회사를 키워갔다.
예를 들어

커지지 않으면 시스템 투자를 할 수 없고,
커지지 않으면 거래 조건도 불리하고,
커지지 않으면 우수한 사원도 들어오지 않고,
커지지 않으면 좋은 물건도 받을 수 없고,
금리도 낮출 수 없다.
회사를 키움으로써
회사는 이익을 내어 다양한 일을 할 수 있고,
우수한 사원도 들어오고,
고객 한 사람 한 사람에게 좋은 서비스를 할 수 있다고 생각했다.

이전 회사에서도
"모든 것은 매장에 집약되어 있어야만 한다"고 배웠던
한 가지 자세.

하지만 커지는 과정에서 회사를 키우는 목적을 잃거나
우리끼리만 기뻐하기도 한다.

회사가 커져 서비스의 질이 떨어지고
일하는 즐거움이 퇴화하면
회사를 키운 의미가 없다.
일을 즐길 수 있는 회사가 되어야만 한다.

더 작았더라면
가능했을 서비스를 실현하여
고객에게 기쁨을 줄 수 있어야 한다.
세밀 인파 속에서 원점을 떠올렸다.

2015년 12월

영업의 본질

영업이라고 하면
고객에게 뭔가를 팔고
돈을 받는 것을 떠올리겠지만
본질은 그렇게 간단하지 않다.

기업의 에고를 위해
뭔가를 강매당하고 돈을 써서
기뻐할 고객이나 기업은 없을 테니까.

그렇다면 왜 기업은 그 상품을 파는가.
들인 비용 이상의 가치를 얻을 수 있기 때문이다.

그 가치와 지불한 비용과의 차이가
크면 클수록 기쁨도 커져
그것을 판 사람은 감사 인사를 받는다.

마스다는 항상 그 '차이'의 크기를 의식해왔다.

비용과 가치가 같다면 불평은 하지 않겠지만
다음에 만날 기회는 사라진다.
차이가 크면 다시 기대를 받아
다음에 다시 만날 기회가 생긴다.

이것은 당연한 듯해도 사실은 어렵다.

자신이 가진 상품의 가치가 5라고 해도,
어떤 사람에게는 3의 가치밖에 되지 않는 경우도 있고
어떤 사람에게는 10이 되는 경우도 있다.

좋은 상품이라고 하여
모든 고객을 만족시킬 수 없고,
최악의 상품이라도 고객을 행복하게 할 수 있다.

상품에 절대적 가치란 없다.

마스다는 항상
먼저 고객을 이해하는 데 전력을 다한다.

어떤 상태인가,
무엇을 추구하고 있는가,
무엇이 그 회사에 도움이 되는가,
그 회사의 문제는 무엇인가 등,
종합적으로 그 회사가 성장할 수 있는 요인을
철저히 찾는다.

그 회사와 관련한 책이나
경영자의 인터뷰가 실린 주간지를 읽거나
주주의 상황, 이사회 구성,
매출과 이익의 트렌드 등도
꼼꼼히 분석한다.

그 분석 자료를 토대로 경영자를 만나
뭔가 결여된 한 가지를 찾는다.
그것이 그 기업에서 가장 필요한 것이다.

CCC가 보유하고 있는 상품이 그것과 합치하면
그것을 팔면 되지만
보유하지 않은 상품이라면 만들어야 한다.

그런 식으로 제로에서 다양한 물건을 만들어왔고
오늘의 CCC가 있다.

상품을 만들어내는 기획력과
상품을 팔아 고객에게 기쁨을 주고
CCC를 신뢰해주는 기업 고객이 있다.

영업을 한다는 것은
사실 그런 기획력이나
고객과의 신뢰를 만들어내는
기업에서 가장 중요한 행위일지도 모른다.

절대 물건을 팔아 돈을 버는 것이 아니다.
자신들만 돈을 벌 수 있는 일 따위 결코 없다.

기업에 있어 영업을 한다는 것은
사람에게 있어 '살아가는 것'과 동의어라고 생각한다.

2016년 2월

인간으로서

자유로워질 수 있는

회사

오늘은 3시부터 1년에 한 번뿐인 전사원회의.
아침부터 사장실 멤버들과 발표할 콘텐츠를 만들었는데
날씨도 좋고
내일부터 새로운 연도가 시작되니
프레젠테이션 표지를 벚꽃으로 꾸며봤다.

다카나와 프린스호텔
곤론에 모인 사원은 총 2,500여 명.
많은 인원의 회의임에도 평소와 다름없이 정각에 시작할 수 있는
CCC의 문화가 자랑스러웠다.

약속이니 감사니 하는 그럴 듯한 말보다
참석자가 회의 시간에 늦거나
발표자가 약속 시간을 넘겨
모두를 속박하는 일을 하지 않는 것이 중요하다고
항상 생각해왔다.

오늘 전사원회의에서
마스다가 전하고자 했던 메시지는
CCC그룹의 2015년도 리뷰와
2016년도 방침과 체제다.

최근 몇 년 새 고객과 만나면서
플랫폼의 기획과
DB(데이터베이스)에 관한 요구가 점점 높아지고
무엇보다 많은 기업이 CCC에
라이프스타일을 제안하는 힘을 요구하고 있음을 느꼈다.

그래서 CCC는
세계 최고의 기획회사로서 '플랫폼을 만드는 일'
DBMK (데이터베이스 마케팅) 기업으로서
'데이터베이스 컨설팅을 하는 일'
그리고 플랫폼 사업회사에
'라이프스타일 콘텐츠를 제공하는 일'
이 '세 가지 일'만 하겠다고 다짐했다.

인간은 왜 일을 하는가?
인간은 어떤 인생을 보내고 싶어 할까?
창업 후 사업이 궤도에 오르기 시작할 무렵
그런 것들을 생각한 시기가 있었다.
그때 다함께
회사의 비전과 가치관에 대해 이야기했다.
그 결과, CCC는 가장 중요시해야 할 것을 '자유'로 정했다.

일을 하는 이유는 생활을 위한 돈을 버는 것뿐이지만,
돈을 버는 목적은 자기답게 살아갈 수 있는
'자유'를 얻기 위함이라 생각했고
일을 떠나 인간으로서 자유롭고 싶다는 생각을 했기 때문이다.
일을 통하여
돈, 인맥, 경험, 스킬을 쌓을 수 있는
회사를 만들겠노라고.
즉 인간으로서 자유로워질 수 있는 회사를.

말이야 간단하지만,
돈을 벌지 않으면 그런 말도 할 수 없고
해외에도 갈 수 없고

최신 IT제품도 살 수 없다.
빚이 많으면 은행에 휘둘릴 수밖에 없고
상장을 하면 주주의 눈치를 볼 수밖에 없다.

자유롭게 있는 것,
자유를 거머쥐는 것,
그 한 가지를 위해 삼십수 년간 해왔던 일들을 떠올렸다.
모두가 더 자유로워지는 한 해가 되기를.
그리고,
기획인 집단
한량의 집단
데이터 분석가 집단
그 모두를 가진 집단이 되기를 빌어본다.

2016년 3월

경영에 필요한 것도
결국 기획력

일반적으로 생각하면
작은 땅에 지은 작은 건물들은
계단이나 엘리베이터 같은 불필요한 공간이 많아
생활하는 사람도 좁아서 불편하다.

토지를 가진 사람들이
공동으로 큰 건물을 지으면 효율도 좋고
살기에도 편한 집을 지을 수 있다는 사실을 알면서도,
토지를 가진 사람들은
자신의 토지에는 자신의 건물만 짓고 싶어 한다.
그 결과, 도심에는 들쑥날쑥한 디자인의 작은 건물들이 난립하여
경관까지 해치고 있다.

한편, 파리의 거리는
19세기(지금으로부터 160년 전)에
나폴레옹 3세가 건물 높이를 규정하고
소재나 디자인 그리고 색에 관해서도 규범을 정하여,
그 규범에 근거해 멋지게 조화를 이룬 거리가 지금도 남아 있다.
파리의 거리가 아름다운 것은 우연이 아니다.

자신의 토지에 자신의 건물을 짓고 싶은 개인의 자유와
아름다운 풍경에 전체가 만족하는 관계는
다양한 논쟁이 있지만,
역시 생활하는 사람이나 시민을 위해 최적의 것을 선택해야만 하고
개인의 권리를 지나치게 인정하면
결국, 그 개인의 자산도 훼손하는 것이 된다.

경영이나 관리는
그러한 이해관계가 대립하는 상황에 따른
'해결책'을 기획하는 것이지,
권리자가 하는 말을 듣고
대처할 일이 아님을 절실히 느꼈다.

관리에 필요한 것도 결국 '기획력'임을
파리 거리의 풍경 사진을 보면서
기획 집단의 중요성을 다시금 생각했다.

2016년 4월

피할 것인가,
싸울 것인가

스모 세계로 말할 것 같으면
신참이 마쿠우치 계급이 되기란 하늘의 별따기다.

하지만 신참이라면 모두 노력하여
마쿠우치가 되려고 한다.

마쿠우치가 되면
다음에는 고무스비, 오제키 그리고 언젠가는 요코즈나 계급이 될 꿈을 꾼다.

갓 입문한 역사는
마쿠우치와 대전할 기회조차 없지만
노력하여 승점을 쌓으면 마쿠우치 역사가 된다.

마스다도 샐리러맨을 벗어나
츠타야의 프랜차이즈를 확대하고
T카드 제휴 기업을 개척하여
마쿠우치가 되었던 것인지도 모른다.

또한,
NHK에 출연하고
히라카타 티사이트를 만들고,
해외 인바운드를 늘리기 위해
에어비앤비Airbnb의 일본 전개를 돕고
세계적인 스포츠 메이커 아식스와 함께 일했던 모든 것들이
오제키나 요코즈나 클래스와의 대전을 시작했던 것인지도 모른다.

어떤 일에든 경쟁 상대는 따르기 마련이지만,
일의 내용과 크기에 따라 경쟁하는 회사도 달라진다.

근처 대여점과 경쟁하던 시절,
프랜차이즈 본부로서 다른 대형 체인과 경쟁하던 시절,
서점으로서
그리고 상업시설로서 경쟁하던 시절,
데이터베이스를 활용한 판촉 기획이나 상품 기획
그리고 점포 기획 등
일의 내용도 계속해서 바뀌고 있다.

동시에 고객도 바뀌게 되었지만,
경쟁 기업도 바뀌어
상대의 힘이 계속 커지고 있음을
실감하는 요즘이다.

성장할 수 있는 것은 기쁘지만
동시에 큰 상대와 싸워야만 하는
리스크를 안고 있다.

피할 것인가, 싸울 것인가.

물론 성장하기 위해서는 싸우는 수밖에 없다.

2016년 6월

같은 일을 반복해서는
성장도 없다

같은 일을 반복해서는
성장할 수 없다.

회사도 사람과 마찬가지로
나이를 먹으면 성장해야 한다.

사원이 나이를 먹는데
급여가 줄곧 같아서는 안 되고,
할 수 있는 일이 한정된 인간으로 생을 마치기는
아까우니까.

즉,
성장이란 인간과 사회의 '자연스러운 모습'이다.

성장의 결과는 매출로서 나타난다.
매출은 결과인데
원인을 만들지 않고 단순히
매출만 올리려는 것은 잘못이지만,
결과로서의 매출이나 이익은 커져야만 한다.
이익이 커지는 것은 자유의 확대를 의미한다.

츠타야는
영화와 음악과 게임을 통하여
젊은이에게 생활 제안을 하는 플랫폼으로
1983년 오사카 히라카타에서 탄생했다.

그 츠타야를 에사카, 도쿄, 가고시마,
아오야마, 시코쿠, 홋카이도 등에
프랜차이즈를 전개하며 성장해왔다.

인구 구성 변화에 발맞춰
프리미어 에이지도 즐길 수 있는 서점으로
2011년 다이칸야마에 츠타야 서점을 만들었으며

그 츠타야 서점도 하코다테, 쇼난, 교토 등
일곱 점포를 헤아리기에 이르렀다.

또 츠타야에서만 이용 가능한 카드가 아닌
어디에서나 사용 가능한 신용카드 'T카드'와
어디에서나 적립할 수 있는 공용 포인트
'T포인트'를 기획하여
현재 일본 인구 절반을 넘어서는 6,000만 명의 회원을 확보하고 있다.

올해는 인구가 감소하는 일본에서의
비즈니스를 활성화하기 위해 인바운드(관광객)에 착안하여
에어비앤비와 제휴한 후

내년에는 인바운드 손님 대상의
츠타야 서점도 계획하고 있다.

그 과정에서
직영 사업밖에 모르던 사람이
프랜차이즈를 공부하고
대형 상업시설을 기획하고
새로운 카드시스템을 대형 기업에 영업하고
영어도 못하면서 외국 기업에 기획을 제안하는 등
그야말로 불가능한 일만 해왔다.

불가능한 일에 대한 도전은
사원을 성장시켜 결과적으로 회사도 성장한다.

매출과 이익을 늘리려고 할 게 아니라
보다 많은 고객에게 새로운 기획을 제공하는 기획회사로서
보통으로 노력하면 회사는 성장해간다.

안정된 수입에 안주하여 매일 같은 일로 일관할 게 아니라
더 새로운 일에 도전하여 일을 즐겨야만
회사나 개인은 성장할 수 있다고 생각했던 오늘 아침 CCC 임원회의.

그 실현을 위해
경영진이 해야 할 일도 계속 늘어간다.

2016년 8월

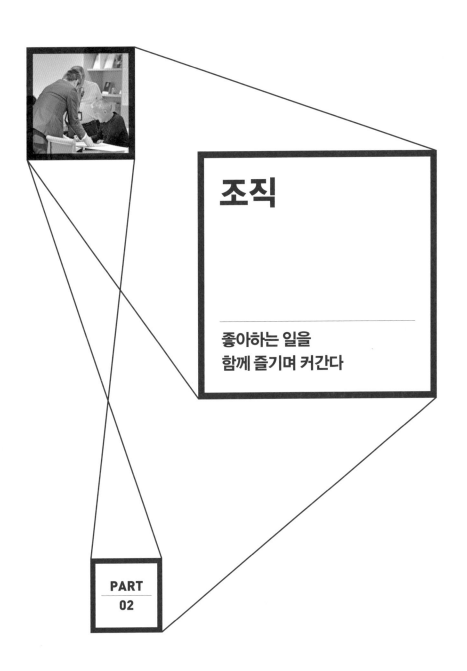

조직

좋아하는 일을
함께 즐기며 커간다

PART
02

113

7인승 보트와 효율성

'레가타'라는 경기용 보트(5인승)가 있다.

4명의 조수(漕手)가 좌우 두 사람씩 노를 젓고
이들 4명의 조수의 리듬을 맞추기 위해
선미의 한 사람이 구령을 외친다.
그 한 사람은 노를 젓지 않기 때문에
보트의 저항을 늘리지만,
조수 4명의 리듬을 어우러지게 하여
오히려 속도가 붙는다.

조직에 비유하면
돈을 벌어들이는 라인과 스태프를 포함한
대단히 효율적인 조직이라고 할 수 있다.

가령 그 보트에 여섯 명째, 일곱 명째 사람이 타서
한 사람은 천체를 관측하여 내일의 날씨를 예측하고
다른 한 사람은 수질 검사를 하여
보트와 물의 마찰을 줄일 궁리를 한다.

하지만 그 두 사람의 체중은
그들의 연구 성과만큼의 스피드를 내지 못한다.
따라서 보트는 느려져
그들은 보트에서 내리게 된다.

이처럼 큰 조직에서는
보트가 느려지고 있음을 실감하지 못해
수질 검사를 한다는 대의명분이나
내일의 날씨를 예측한다는 명목 하에
여섯 명째, 일곱 명째 사람의 증원을 인정해버린다.

그런 일은 보트 위가 아닌
육상의 어느 연구소에 의뢰하고
보트는 그 연구 결과를 받아들이기만 하면 되는데
빨리 달리려고 하지 않는 조직의 리더 밑에서는
연구를 좋아하는 사람들의 그늘에서
자꾸 그런 사람들이 늘어간다.

그러다가 조수가 힘이 빠지면
보트는 가라앉아버린다.
이 같은 광경을 마스다는 여러 회사에서 봐왔기에
절대 그런 기업은 되지 않겠다고
굳게 다짐하며 경영을 해왔다.

그래서 창업 당시부터
소집단 활동을 좋아하여 사업 단위로 분사화를 추진하고
많은 자회사를 만들었다.
그렇게 함으로써 모두가 회사의 비용이나 이익을
알기 쉬워질 거라고 생각했기 때문이다.

그런 일들을 떠올리면서
오늘 아침 경영회의 보고를 들었다.
CCC그룹은 지금
새로운 역사를 쓸 타이밍에 와 있다.

작고 효율 좋은 보트 집단도 좁은 강에서
서로 부딪치거나 노가 얽힐 수 있으니까.

2007년 3월

무능과 유능을
결정하는 것

피터의 법칙이란,
1969년에 로렌스 피터라는 사람이 제창한
인간의 성장과 관련한 법칙이다.

인간은 어떠한 분야에서 아주 뛰어나다는 평가를 받고
다음 무대에 오르는 일이 많다.
하지만 맛있는 요리를 만들 수 있는 셰프가
레스토랑 경영을 잘한다고 장담할 수 없고,
우수한 영업맨이 영업 부장으로서
부하 직원을 통솔하는 리더십이 있다고는 장담할 수 없다.

로렌스 피터는
어떠한 분야에서
눈부신 업적을 올린 사람이
다음 무대에게 기대를 받았을 때
완전히 무능해지는 법칙을 발견했다.

불가능한 일에 도전할 의사가 있었던 경우에는
불가능한 일을 가능케 하는 방법을
필사적으로 생각하지만,
누군가의 명령으로 포지션이 바뀌거나 한 경우는
본인도 할 수 있다고 생각하고 주위의 기대도 높아
뜻대로 되지 않을 때
돌파할 에너지를 만들기 어렵다.

왜 잘 되지 않을까 고민만 하고
이럴 리가 없다며 자존심만 내세운다.

한편, 스스로 도전하는 사람은
주위에서 기대도 하지 않고
스스로 선택한 길이기에
잘 되지 않는 것을 전제로 열심히 한다.

마스다가 모든 장면에서 '주체성'이라고 말해왔던 것은
스스로 결정하는 것의 중요성이다.

'좋아하는 일을 함께 즐기자'라는 말의 이면에는
남의 탓으로 돌리지 않고, 스스로 생각하고 스스로 도전한다는
전제와 미학이 있다.

스스로 위험을 무릅쓰지 않는 사람에게는
즐거움도 없고 성장도 없다.

그래서 피터가 말하는 '무능한 사람'이 될 가능성도 높아진다.

2013년 10월

생각하는 집단과
생각하지 않는 집단

창업 이래, 마스다는
조직의 비전에 관한 질문을 받을 때면
항상
"무선 네트워크로 이어진 개인택시 집단"
이라고 답해왔다.

큰 택시 회사를 만들 생각은 없다고.

이유는
CCC의 최종 목표는 세계 최고의 기획회사지
규모가 큰 회사를 만드는 것이 아니니까.

즉 '생각하는 조직'이 최종 목표다.
생각하지 않아도 살아갈 수 있는 조직은
CCC가 지향하는 최종 목표가 아니다.
큰 택시 회사의 기사와 비교하면
개인택시 기사는 생각할 일이 압도적으로 많다.

큰 택시 회사에 근무하면
며칠 몸이 아파도 급여를 받을 수 있지만,
개인택시는 그렇지 않다.
그래서 다른 사람의 배 이상으로 건강에 신경 써야 한다.

큰 택시 회사의 기사는
이직도 자유롭지만,
개인택시 기사는
사업에 투자한 자금 회수도 필요하여
쉽사리 이직도 할 수 없다.

그런, 생각하는 집단 100명과
생각하지 않는 1,000명의 집단이 맞붙을 경우
어느 쪽이 승리할까?

생각하는 집단은,
생각하는 것을 좋아하는 사람을 모으는 것이 아니라
생각하지 않으면 안 되는 상황에 놓이게 함으로써 실현해왔다.

돈 버는 사업은 사업 파트너에게 맡기고
CCC는 기획을 하는 회사니
기획회사는 기획을 해야 한다고 선언하면서.

하지만 기획한 사업이 인정받고
회사가 커져 안정된 수입이 들어오면
사람은 아무래도 생각을 덜하게 된다.

세계 최고의 기획회사 실현이 위험하다(!?)고 느끼는 요즘이다.

2014년 8월

사람은 명령이 아니라
꿈에 의해 움직인다

부하 직원이 생기면
가장 먼저 읽어야 할 책 중 하나라고 할 수 있는
미국의 데일 카네기가 쓴 명저.

길에 누운 소가 통행에 방해가 되면
어떤 사람은 과감하게 밧줄을 잡아당긴다.
하지만 아무리 잡아당겨도 소는 꿈쩍도 하지 않는다.

그 광경을 본 어떤 사람은
소가 좋아하는 먹을거리를 코앞에 내밀어
소를 물러나게 했다.

즉 사람을 움직이려면
이 같은 지식이나 기술이 필요하다는
내용이 쓰여 있다.

마스다도 젊은 시절에
읽고서 무릎을 쳤던,
사람은 명령으로는 움직이지 않는다는 것을
깨닫게 해준 책이다.

하지만 그 후
움직여지는 사람은
존재하지 않는다는 것도 깨달았다.

고문자 서예가에게 부탁해서 쓴
"무아몽중(無我夢中)"이라는 글귀.

아오바다이의 게스트하우스에 지금도 장식되어 있다.

이 말은
꿈속에 있으면 내(에고)가 사라진다는 의미다.
인간의 존재 그 자체는 에고,
자기중심이지만
다른 사람과 힘을 합해 뭔가 다른 '꿈'을
이루고자 한다면
자신의 에고를 컨트롤할 수 있다는
의미라고 배웠다.

2009년 WBC(월드 베이스볼 클래식)에서
그 자기중심적(?)인 이치로 선수가
어떻게든 미국 팀에 이겨
세계 최고가 되겠다는 '꿈'을 가진 순간,
자신의 에고를 버리고
아침에 가장 먼저 구장에 와서 연습을 하고
젊은 선수에게 여러모로
미국팀과 싸우는 법을 가르쳤다고 한다.

사람은 명령이 아니라
꿈에 의해 움직이는 존재임을 알고
꿈의 중요성을 말하고 있다는 생각에
일부러 부탁했던 글귀다.

리더는
사람을 통합하고 움직이는 힘을
갖춰야 하지만,
기술력도 물론이거니와
그 집단이 가져야 할 꿈을 그리는 힘이 더 중요하다.

'세계 최고의 기획회사'
그것이 CCC를 시작한 이래의 꿈이다.

2014년 9월

은행 강도와 보수 제도

사람은 생활을 위해 일을 한다.
경우에 따라서는 좀도둑도 혼자서
다른 사람의 재산을 훔쳐 생활의 양식으로 삼는다.
하지만 은행 강도는 혼자서는 불가능하다.

운전할 사람,
은행 도면을 입수할 사람,
보안을 뚫을 사람,
망을 볼 사람,
금괴를 옮길 사람,
금괴를 돈으로 바꿀 사람 등을 필요로 하는
전문직 집단이다.

즉 은행 강도는 무리를 모아야 가능하다.

'컴퍼니'의 어원은 '무리'다.
회사도 혼자서 할 수 없는 일을 집단으로 하고 있다.
그래서 컴퍼니다.

그곳에서 리더가 완수해야 할 역할은
어느 은행을 노릴 것인가 하는 '전략'의 입안과
무리를 모을 리크루팅과
성공했을 때의 '이익 분배'다.

이익 분배를 단순히 사람 수로 나누면 반드시 불평이 나온다.
모두가 납득할 만한
각자의 역할이나 공헌에 상응하는 보수를 약속하지 않으면
리더는 다음 프로젝트에 사람을 모을 수 없다.

사람을 모을 수 있는 역량은 수익 분배 능력이다.

하지만 상장회사 등 이미 완성된 회사에는
보수 제도라는 것이 존재하여
보수를 간단하게 정할 수 있는
구조가 만들어져 있다.

좀 더 말하면, 리더는
그 보수 제도에 근거하여 평가할 뿐
능력이나 성과에 따른 수익 분배를 하고 있지 않다.
보수를 분배한다고 하는
리더로서 가장 중요한 역할을 완수하고 있지 않다.

그래서 모두 독립하여 창업을 한다.
그래서 대기업은 성장하지 않고 변혁도 생기지 않는다(?).

CCC는 올해부터 아메바 경영을 도입하여
휴먼 스케일의 벤처기업처럼
개개인의 일이나 성과에 따라 보수가 다른 회사를 목표로 하고 있다.
회사나 사업에 따라 상황은 다르겠지만
개별로 하면 불평등이 일어나니까 불평등이 없도록
보수위원회를 개최하여 경영진이 논의하면서
새로운 보수의 사고방식을 기획하고 있다.
기획회사로서 자랑할 수 있는 보수 제도를 만들고자.

2015년 8월

명확한 목표를 세웠는가

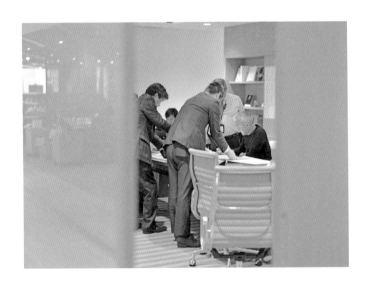

마스다는 창업 후 여러 컨설턴트에게
회사 경영에 관한 지도를 받아왔다.
후나이종합연구소의 히라카와 씨도
그중 한 사람.

그곳에서, 조직이 건강해지려면
네 가지 요소가 필요하다고 배웠다.

1) 명확한 목표
2) 단순한 조직
3) 중지결집
4) 신상필벌

명확한 목표에 관해서는
최근 들어 정말 필요하다고 생각한다.
CCC는 단일 사업회사가 아니라
복수의 사업을 기획·전개하여
CCC 전체로 봤을 때 기업 수는 70개사 규모에
사원 수도 3,500명의 그룹으로 성장했다.

기획으로 세상에 공헌하겠다는 이념은
창업 이래 변함이 없고,
세계 최고의 기획회사가 되겠다는 목표에도 변함이 없다.

하지만 이념적인 목표만으로는
개인에게 동기부여를 하거나 평가할 수 없다.
그래서 팀별, 혹은 사업별, 혹은 회사별로
올해의 목표를 정하여 정진해왔다.

2011년 MBO로 차입한
1,000억 엔의 차입금과 관련하여
올해 안에 300억 엔을 상환하겠다는 목표를 내걸었다.
이유는
CCC그룹 전체로는 요 몇 년간
연간 현금 창출액이 200억 엔을 넘어
300억 엔을 상환할 수 있게 된다면
실질적으로 차입금 제로 상태가 될 수 있다고 생각했기 때문이다.

개인적으로는
12월에 있을 호놀룰루 마라톤에서
6시간대에 달릴 수 있는 몸을 만들려고 트레이닝 중이다.
체중도 가능하면 72kg을 넘기지 않으려고 한다.
그렇게 함으로써 먹는 음식이나
트레이닝에도 힘이 들어간다.

사업별, 팀별, 개인별로도
명확한 목표가 있으면
의욕도 나고 평가하기도 쉽다.

명확한 목표가 있으면
그에 상응하는 보수도 청구하기 쉬워
평가하는 측도 인센티브를 내기 쉽다.

신상필벌을 실현하려면
이 같은 명확한 목표가 필요하다.

건강한 조직에는 이유가 있는 법이다.

2015년 8월

단순한 조직인가

사람은 좋은 것을 알게 되면
누군가에게 전하고 싶어진다.

사람은 고민거리가 생기면
누군가에게 상담하고 싶어진다.

즉 정보의 흐름은
'누군가'가 키포인트다.

조직도 마찬가지로
누구에게 전하고 누구에게 상담해야 할지가 명확하면
정보의 흐름이 원활해진다.

누구에게 전해야 할지
누구에게 상담해야 할지가 모호하면
정보의 흐름은 정체된다.

인원의 많고 적고는 상관없이
집단이나 조직의 정보는
각자의 역할이 명확하고 단순한 쪽이 정체되지 않는다.
정보는 혈액과 같아서
정체되면 몸에 좋지 않다.
몸의 크기보다 혈류의 속도가 중요하다.

사장실(홍보)은 지금 6명밖에 없다.
3,500명의 사원을 통솔하는 그룹의 사장실로서는
이례적일 만큼 적은 수다.

하지만 적은 인원으로 인해
사원 한 사람 한 사람의 역할과 미션이 명확하다.
어떤 정보는 누구에게 전하면 될지,
문제가 일어났을 때는 누구에게 상담해야 할지가 분명하여
안심하고 정보를 공유할 수 있다.

인원이 늘면 일의 분담이 진행되어
누구에게 무엇을 알리고 누구에게 무엇을 상담해야 할지가 불분명해진다.

따라서 인원을 적게 하든지 단순한 조직으로 할 필요가 있다.

올해, CCC그룹은
아메바 경영을 경영 방침으로 도입했으니
리더는 팀 멤버는 소수 정예,
조직은 단순한 조직을 목표로 하기 바란다.

2015년 9월

건강한 조직을 만드는 집념

가루이자와의 합숙에서 누군가가
"사람은 누군가에게 위로받고 싶어 하는 동물이다"라고 말했다.

한편, 사람은 생활의 양식을 얻기 위해 일을 한다.
혹은
사람에 따라서는 일은 자기실현을 위한 발판이다.

따라서 신상필벌의 내용은 사람에 따라 다르다.

생활을 위해 일하는 사람에게는 보수가 중요한 요소이며
팀에서 인정받기를 바라는 기분이 강한 사람에게는
돈보다는 평가가 중요한 요소가 되며

일로 자기실현을 추구하는 사람은
그 입장이나 권한이 중요한 요소가 된다.

어쨌든
사람은 제대로 평가받고 싶어 하며
일에 따른 보수를 받아야 한다.

그 때문이라도 한 사람 한 사람 일의 미션이
명확해야만 하고
보수에 관해서도

그 사람이 벌어들인 이익과 연동해야만 한다.

빠르다, 느리다, 능숙하다, 서툴다보다
약속한 내용을 달성했는가, 달성하지 못했는가?
약속한 숫자와의 격차는 어느 정도인가를 알지 못하면
평가할 방법이 없다.

신상필벌은
한 사람 한 사람에게 일의 정리와 숫자가 없으면
실현할 수 없다.

건강한 조직은
팀을 구성하는 개개인의 역할이 명확하고(단순한 조직)
약속한 숫자도 명확하고(명확한 목표)
그것들을 실현하기 위한
팀워크(중지결집)가 있어야 실현할 수 있다.

어느 한 가지만 빠져도
건강한 조직이나 팀은 만들 수 없다.
팀 멤버가 리더를 신뢰하고
리더가 팀을 신뢰함과 동시에
이 네 가지 요소가 절대 조건이 되어야 한다.

그리고 무엇보다 중요한 것은
이 모든 것을 만드는 능력보다 모두를 건강하게 하고자 하는 집념이다.
건강한 팀의 실현도
"구하라, 그러면 얻게 될 것이다"라는 것을 명심하도록.

2015년 9월

한마음으로
움직이는 팀

마지막 미국과의 대전을 앞두고
결승 토너먼트에 진출할 수 없게 되었음을 알았을 때
에디 존스 코치가 했던 한 마디.
"3승이나 했는데 결승 토너먼트에 진출할 수 없는
사상 최초의 팀이 된다."

우승 후보인 남아프리카를 꺾고
그 후 사모아도 꺾은 일본 대표팀.
하지만 최종전인 미국전에 이겨도
결승 토너먼트에 진출할 수 없다는 괴로운 상황에서
리더로서 역사에 이름을 새기고자
명확한 목표를 내건
그 리더십에 감명을 받았다.

그리고 고로마루 선수의 한 마디.
"일본 유니폼을 입고 열심히 뛰는 외국 선수를
응원해주시기 바랍니다."
그는 팀메이트에게도 똑같이 아낌없는 성원을 부탁했다.

그리고 무엇보다
마스다가 감동했던 것은
후보 선수를 포함한 팀 전원이
하나가 되어 있었던 것.

CCC도 사업 분야가 다르거나
현장과 스태프의 입장이 달라
좀처럼 서로의 일을 이해하지 못해
시종일관 고립된 활동을 할 때가 많다.

럭비라는 스포츠도
포워드와 백스에서 일이 각각 다르다.
다시 그 둘을 잇는 하프 백스처럼
저마다 역할도 다르다.

역할과 입장과 체격이 다른 15명이
흡사 정어리 떼처럼
하나의 생명체로 움직이는 모습에서
한마음이 되어 있다는 게 진심으로 느껴졌다.

내가 열심히 하지 않으면
동료에게 폐가 된다며 분발하는 포워드
반드시 공이 올 거라 믿고 달려드는 백스
그것을 다시 서포트하는 포워드
스피드는 그런 신뢰감에서 생겨난다.

아무리 발이 빠른 선수라도
공을 받지 못할 것 같으면 열심히 뛰지 않고
동료를 위하는 마음이 없으면 힘들 때 걸어버린다.
그런 움직임이 전혀 없는 팀이
체격과 경험을 웃도는 강호팀에 이겼던 것은 이 1점.
즉 '일본 스타일'이었다고 생각한다.

CCC그룹도
그들을 본받아 하나의 팀의 될 수 있도록
더 정진해야만 한다고 계속 반성 중이다.
CCC그룹에는
아직 더 좋은 팀이 될 수 있는 저력이 있다.

2015년 10월

리더에게 필요한 것

64세가 되니, 후계자를 누구로 할 것인가,
차기 사장은 정했는가 하는 질문을 종종 받는다.

그럴 때마다
'리더에게 필요한 자질과 능력은 무엇일까?'라는 생각을 한다.

팀에서 일을 하면,
유능한 영업맨이 있고,
우수한 프로듀서가 있고,
꼼꼼한 서포터가 있어
팀워크로 성과를 올린다.

따라서 리더십이란
본인은 아무것도 할 줄 모르고
팀의 생산성을 올리는 것이 전문인 사람에게도
생기게 된다.
대기업에서 흔히 볼 수 있는
현장은 모르지만 경영 능력을 인정받아
스카우트되어 사장 자리에 앉아 있는 사람이다.

일본 럭비팀의
에디 존스 감독처럼 현장 경험도 풍부하고
리더십도 있는 팀 리더도 있다.

마스다가 좋은 회사의 리더에게서
많이 봐온 공통점은
사원이나 거래처를
몸을 던져 필사적으로 지킨다는 것이다.

아무리 우수해도 몸을 던져 사원을 지키지 않는 사장의 회사에는
자신을 맡기고 싶은 생각이 들지 않고
거래처를 지키지 않는 사장이 있는 회사와는 일하고 싶지 않다.

리더십에서 필요한 것은 능력은 물론이거니와
마지막은 결의와 각오가 중요하다.

그러한 결의와 각오가 현장 사람들을 안심시켜
팀워크를 다지는 기반이 된다.

반대로 우수하더라도
사장에게 사원을 지키겠다는 각오가 없으면
사원은 자신을 지키려고 하여 팀워크가 생겨나지 않는다.

오야붕(부모처럼 의지하는 사람)이라 불리는 사람은
그 결의와 각오만으로 리더가 된 것일지도 모른다.

결의와 각오는
자리가 만드는 것일까, 아니면 타고난 것일까.

마스다의 경험으로 말하자면
입장이 그것을 만든다고 생각한다.

어제 만났던 우메다 츠타야 서점의 가메이 점장도
사람 좋은 얼굴을 하고 있었다.

2015년 11월

기획

불가능을 극복할 용기,
기획을 구체화할 집념

칸 영화제에서 배운 것

일본인인 가와세 나오미 감독이
〈너를 보내는 숲(殯の森)〉이라는 영화로
황금종려상에 이어 그랑프리를 거머쥐면서
화제가 된 칸 영화제.
마스다도 4년 전 영화 배급사인 GAGA 후지무라 군의 안내로
칸 영화제에 간 적이 있다.

마스다의 감상은,
공개된 작품 중에 선발하는 아카데미상과 달리
케인스의 "가격은 수요와 공급으로 결정된다"를 실행에 옮긴
잘 만든 장치라는 것.

영화, 하면 서양 영화가 떠오르듯이
미국에서 탄생하여(발명은 그 유명한 에디슨)
처음에는 미국에서만 상영되었지만
국외에 영화관이 생기자
대형 영화사가 각국에 배급 자회사를 만들어
독자적으로 흥행을 이끌어왔다.
그러다가 독립 영화사도 해외에 영화 판권을 팔 수 있는 길이 열렸다.

영화사 입장에서는 판권을 비싸게 팔아야
이익이 많이 남는데
각국에 단독으로 판권을 팔다 보니
효율이 떨어졌다.
그래서 옛날 할리우드 사람들은 경비를 들이지 않고
효율적으로 비싸게 팔 수 있는 장치를 생각해낸 것이다.

그 노하우의 집대성이 지금으로부터 약 60년 전인
1946년에 첫 막이 오른 칸 영화제다.

어느 시기에 전 세계 영화 바이어들을
한곳에 모아 그곳에서 영화를 홍보하고
그 사람들을 경쟁시킴으로써
가격을 높이 끌어올릴 수 있는 장을 만든 것이다.

마스다가 놀랐던 칸에서의 체험은
어떤 영화가
(아직 시나리오도 없는, 캐스팅과 타이틀밖에 없는,
그래서 언제 완성될지 모르는)
그럴싸하게 판매되고,
다른 경쟁사에 빼앗기지 않으려는 일본 영화사가
잇달아 오퍼를 해서 그 금액이
매일 올라가고 있다는 것이었다.

어느 밤에 일본 판권이 1억 엔이었던 영화가
다음 날 아침에는 1.2억 엔,
그리고 그날 밤에는 1.5억 엔,
그리고 며칠이 지나자 3억 엔이 되었다고 한다.

일본을 포함하여 세계 각국의 영화사 바이어들은(예산을 쥔 사람)
배우와 호화 별장에서
(아랍인 소유의 호화 별장도 이 시기에 임대로 나오는데
그 요금은 일주일에 약 800만 엔)
개별 디너는 말할 것도 없고
요트에서 열리는 호화 식사가 딸린 크루즈나
매일 밤 모래사장 텐트에서 열리는 댄스파티 등
더할 나위 없는 일주일을 보낼 수 있다.

칸에서의 생활은 당연히 배우들에게도 맘껏 자유로워질 수 있는 절호의 기회다.

세계적인 배우의 즐거운 모습을
아주 가까이서 볼 수 있다는 점도 칸의 매력이다.

배우들은 칸 영화제 후
영화사가 마련한 호화 프라이빗 요트로
모나코로 이동하여 호텔에서
F1 모나코 그랑프리를 관람한다고 한다.

이 모든 것들은
전 세계 영화 바이어들을 모으기 위한 장치다.

할리우드의 영화사는 전 세계 영화 바이어들을 모으기 위해
배우를 활용하고, 배우를 모으기 위해
영화제(콩쿠르)를 기획했던 것이다.

여담으로 마스다가 턱시도를 입고
레드카펫을 걸을 때
바로 앞에 걸어가던 사람은 니콜 키드먼이었다.

일본 바이어가 영화 한 편을 10억 엔에 산다면
(제작비의 약 10%가 일본의 가격 시세)
영화사는 모든 경비를 회수할 수 있어,
일본이 얼마에 샀느냐가
타국 바이어를 설득할 재료가 되는 것이다.

그러는 중에 영화사는 영화뿐만 아니라
비디오로 돈을 벌기 시작했다.
일본에서는 그 시장을 비디오 대여 체인점이었던 렌트락을 시작으로
CCC그룹이 만들었지만.

할리우드는 그 수익을 확대하기 위해 영화뿐만 아니라
비디오 관계자도 칸에 초대했고
칸 영화제는 점점 활황을 누리며
영화제라고 하면 아카데미와 칸을 양대 산맥이라 일컬을 만큼 성장했다.
그 결과, 할리우드의 영화 산업은
미국의 2대 흑자 산업이 되었다(다른 하나는 항공기 산업).

유대인이 자본주의 안에서
증권시장을 만들었듯이
할리우드 사람들은 지적 자본인
콘텐츠 분야에서도 새로운 시장을 만들어낸 것이다.

그 결과, 우리는 멋진 할리우드 영화를
모든 매체(영화, TV, DVD 등)로
즐길 수 있게 되어
츠타야도 할리우드의 성장과 함께 성장할 수 있었다.

기획회사로서 배울 점이 많은 칸 영화제다.
내년에는 꼭 '놀러'가고 싶다.
사실은 무척 공부가 되었지만.

4년 전에 갔을 때도 사전에 참가자 명부를 받았고
호텔에도 무료 소식지가 있으며,
매일 그날 도착한 게스트 특집으로
게스트의 프라이드를 잘 자극하고 있다. 정말 대단하다….

2007년 6월

미래는 과거의 연장선상에 없다

지난 주 목요일 점심에 T포인트의
중요한 제휴 기업 경영진 분들이 회사를 방문했다.

그 업종에서는 세계 제일의 회사들이다.

당연히 창업 이래 성공 패턴을 갖고
줄곧 매출 규모를 확대해왔다.

그런데 점심을 함께 들면서 했던 이야기는
그 비즈니스 모델을 바꾸는 이야기.

리얼한 비즈니스를 하고 있는 회사 입장에서 보면
인터넷에서의 고객 구매 행동은
소매업과는 전혀 다르다.

가격에 관해서도 가격닷컴 같은 가격 비교 사이트들이 있어
어중간한 가격정책은 통하지 않는다.

그렇다고 매장에서 인터넷 가격으로 상품을 팔면
매장으로서는 이익이 나지 않는다.

마스다의 생각에는
'매장에서는 이익이 나지 않는다'고 생각하는 자체가
과거의 성공 모델에 사로잡혀 있는 게 아닐까 싶다.

고객이 매장을 위해 존재하는 것이 아니라
고객을 위해 매장은 존재하고 있다.

마스다가 시작했던 음반 대여점도
음반 매장을 운영하는 사람이 본다면
이해할 수 없는 비즈니스 모델이다.
하지만 손님은 즐겁게 이용하고
손님 측에서 본다면 고마운 존재다.

똑같은 변화가 인터넷 세계에서는 이미 일어나
그 흐름을 바꿀 수는 없다.

그래서 마스다가 제안한 것은
과거의 비즈니스 모델에 사로잡히지 않고
고객 중심으로 생각하여
가격닷컴에서 선택되도록 판매하는 방법밖에 없다는 것이다.
그리고 그렇게 해도 이익이 날 만한
새로운 비즈니스 모델을 만들어내지 않으면
기업은 존속할 수 없다.

그날 마스다는
그 비즈니스 모델을 기획하여 제안했다.

새로운 플랫폼의 기획이나
플랫폼 상의 기획을
돈으로 바꾸는 것이
기획회사의 일이라면,

오늘 제안한 새로운 비즈니스 모델을 실현했을 때
CCC에는 돈이 들어온다.

고객도 기뻐하고,
제휴 업체도 이익이 늘고,
그래서 CCC도
로열티를 받을 수 있다면 금상첨화.

하지만 안정된 수입이나 기존의 사업 이익이 있으면
좀처럼 고객의 입장에서
새로운 비즈니스 모델을 기획하기가 어렵다.

그래서
CCC는 세상에 꼭 필요한
기획회사가 되어야 한다는 생각을 했다.

2010년 3월

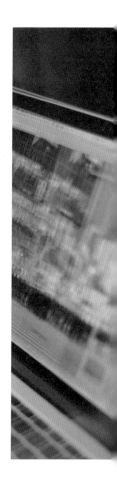

기획력의 원천

오늘은 가스미가세키의 관료들에게
주택의 미래에 관해 강연했다.

마스다의 평소 생활로 봐서는 음식이나 주택 제안 등을
할 수 있는 상태가 아니다.

하지만 항상 기획은 이처럼 경험도 지식도 없는
상태에서 생겨난다.

도서관 기획도, 펫샵 기획도,
가전점도 그랬다.

그래서 수개월 전에 이 주제로
강연 의뢰를 받고 나서 내내 마음이 무거웠다.

하지만 실전이 가까워짐에 따라
강연을 듣는 분의 입장이 되고,
주택을 사는 사람의 입장이 되고,
부동산업자의 입장이 되어
앞으로 어떤 주택이 필요할지에 관해 생각했다.

만나는 사람마다
어떤 집에 살고 있는지 꼬치꼬치 캐묻고
새삼 우리 집을 다시 둘러보기도 했다.

모든 수단을 동원하여 새로운 주택의 모습을 그려보았다.

곰곰이 생각하니 주택 관련자 역시
아는 것도 많지만 모르는 것도 있을 테고

결국 모르는 것에 본질이 있다면
그 모르는 것을 얼마나 깊이 파고드는가가 관건이다.

그런 의미에서
마스다처럼 주택이나 음식을 몰라도
열심히 하면 분명 승부를 낼 수 있다.

일본의 미래, 도쿄의 미래,
혹은 다케오의 미래를 생각하면
주택의 이미지도 솟아오른다.

오늘은 그런 마스다에게만 보이는 풍경에 관해
강연하여 절찬을 받았다.

강연을 맡았을 때보다 명확하게
일본 주택의 미래가 눈에 들어와 있는 나를 발견했다.

마스다의 이야기는
항상 이런 체험에서 생겨난다.

적당히 무리인, 불가능한 강연을 받아들임으로써
나의 기획력이 높아지고 있음을 창업 이래 숱하게 경험해왔다.

그리고 오늘 다시 기획력이 높아졌음을 실감한다.

기획력의 원천은
불가능한 일을 떠안는 용기일지도 모른다.

2013년 11월

"바로" 라고 말하는 이유

마스다가 각종 보고서나 기획서를
바로 제출하라고 하는 이유는?

프로그램이 들어 있지 않은 컴퓨터나
데이터가 들어 있지 않은 컴퓨터를

아무리 전압을 올리고 시간을 들여도
아웃풋은 바뀌지 않는다.
사람도 컴퓨터와 같아서

열심히 생각하고 보고하기까지 시간을 길게 확보해도
결국 아웃풋은 바뀌지 않는다.

그래서 일단 "바로"
아웃풋을 하라고 요구한다.
아웃풋이 있으면
데이터나 다른 프로그램을 갖고 있는 사람에게
조언을 받을 수 있는 기회가 는다.
그런 조언들을 더하면 '좋은 기획'이 생긴다.
하지만 보통의 사람은 자신이 인정받고 싶은 생각에
특히 상사에게 '인정받고 싶어'
혼자서 좋은 기획을 내려고 한다.

하지만 그것은
좋은 기획을 만드는 과정에서 생각하면
완전히 시간 낭비일 뿐.
기획의 질은
모두에게 받은 정보를 얼마나 잘 이해하고 있는가에 비례한다.

자신의 데이터나 자신의 프로그램 따윈 특별할 게 없다고
겸손함을 가질 것.
그래서 마스다는 항상 아이디어가 떠오르면 종이에 써서
사람들의 의견을 듣는다.

이것을 계속했더니
머릿속 생각을 종이에 쓰는 것도, 이야기하는 것도,
파워포인트를 만드는 것도, 어느새 능숙해진 것 같다.

2014년 3월

생활
제안이란

일전에 T카드 영업 차 만난 사람이 이런 질문을 했다.
"생활 제안이란 어떤 건가요?
여러 사람에게 물어봤는데 모르겠다고 해서요.
가르쳐주세요."

마스다는 그 자리에서 바로
"활기찬 생활 이미지를 보이는 것입니다."
라고 답했다.
마스다에게 있어 생활이란 라이프스타일이며
라이프스타일이란 번역하면 '문화'다.
예를 들어, 에도문화라고 하면
에도시대 사람들은 어떤 곳에 살고
어떤 옷을 입었으며
어떤 식기로 어떤 음식을 먹었는지
혹은 부부생활 같은 당시의 '생활양식' 전체를
에도문화라고 생각한다.

현재도
사람은 각자 자신의 생활양식을 갖고 있다.

마스다에게도 살고 있는 집이 있고
좋아하는 자동차, 좋아하는 인테리어, 좋아하는 패션 등이 있다.
그것이 마스다의 스타일이다.

가난한 시대에는 생활양식이 다양하지 않고
비교적 한 패턴이었지만

풍요로운 현대사회에는
그 스타일이 고도화, 다양화한 결과, 세분화하였다.
옛날에 말하던 생활 제안과
앞으로의 사회에서의 생활 제안은 기법이 다르다.
TV나 잡지 등으로 많은 사람에게
어떠한 스타일을 제공하는 시대이기에
다양화한 개개인에게
일대일로 적절한 라이프스타일을
제안하지 않으면 안 되는 시대가 되었다.
TV나 잡지의 광고 수입이 줄어드는 이유는
그러한 흐름의 결과다.
개개인의 라이프스타일 종류나 방향,
그리고 수준을 알지 못하면 효과적인 제안을 할 수 없다.

그래서 데이터베이스가 필요하고
게야무라 군을 비롯한 데이터베이스 마케팅 연구소 직원들이
사람마다 다른 생활양식에 관해
어떠한 기준을 만들고자 비지땀을 쏟고 있다.

그런 이야기를 질문한 사람에게 설명했더니
그것이야말로 자신들이 찾던 해결책이라며
높이 평가해주어 놀랐다.
CCC에서는 보통의 사고방식인데.

2014년 3월

기획의 진수

기획의 본질은
고객가치,
수익성,
사원의 성장,
사회 공헌,
이 네 가지 요소를 결합시킨 것이다.

고객의 만족과 수익성은
얼핏 반비례할 것 같지만 그렇지 않다.
맛있는 라면을 만들면
그 가게는 장사진을 이룬다.

손님은 조금 기다려야겠지만
맛있는 라면을 먹을 수 있고(고객 만족)
줄 선 손님에게 계속 라면을 제공하면
그 결과, 돈이 남는다.
이익의 원천은 "손님에게 있다"라는 말은
이런 것이라고 생각한다.

줄 선 손님에게
라면을 얼마나 빨리 내는가,

이 과제를 해결한 사원은 성장한다.
한가한 라면 가게의 사원은
일이 없어 성장의 기회를 놓친다.

즉 기획의 진수는
손님이 기뻐할 만한 것을 만드는 것(기획하는 것)이다.

마스다는 특별한 재능이 있는 것은 아니지만,
오로지 고객의 입장에 서서
고객의 기분이 될 수 있도록 노력하여
고객이 원하는 것을 찾거나
만들고 있을 뿐이다.
후타코타마가와의 프로젝트에서는
평일 아침에는 어떤 사람이 올까?
평일 오후는?
평일 저녁은?
혹은 일요일 아침은?
일요일 오전,
일요일 오후,
일요일 저녁에
어떤 사람이 오는지를 떠올리기 위해
아침 일찍 후타코타마가와까지 가거나
(어젯밤에도 후타코타마가와까지 달려가)
주변 주택가를
빙빙 돌아다니기도 했다.

돌아다닐 때는
20대 여성의 기분으로 걷기도 하고,
대학생의 기분으로 걷기도 하고,
노인 여성의 기분으로 걷기도 했다.

걸으면서,
새로운 매장에 고객은 어떤 기대를 하고 있을까?
혹은 지금 기획하고 있는 내용의 어떤 부분에
매력을 느끼게끔 할 수 있을까?
하는 생각을 하며 마냥 돌아다녔다.

젊은 여성의 기분으로, 학생의 기분으로,
부유한 노인의 기분으로……

요컨대 그 매장에
가고 싶어지는가, 가고 싶어지지 않는가?
혹은

어떤 길을 지나서?
어떤 풍경을 보고?
츠타야 서점에 들어가고 싶어지는가?
혹은 들어가고 싶지 않은가?
그런 것들을 사전에 철저히 해두면
오픈하고 나서 결과가 어떠하든
버둥댈 일도 없거니와
고객은 틀림없이 인정해준다.

매장의 매출은
노력으로 창조하는 것이다.
재능만으로 매장의 매출을 만들 수 없다.

2014년 5월

현장까지 달리는 이유

일전에 출판사 취재에서
'마스다의 기획 방식'에 관한 질문을 받았을 때
후타코타마가와까지 달린다는 이야기를 했다.

에사카점을 만들 때도

히라카타에서 에사카까지 자주 자전거로 오간 적이 있어
그 이유에 관해 질문을 받았다.

마스다의 대답은
"차로 달리는 것보다 한 걸음 한 걸음 도보로 발걸음을 옮기며
길을 오가는 사람과 스쳐 지나기도 하고,
잘되는 가게의 손님 얼굴을 보기도 하고,
전혀 손님이 들지 않은 가게의 원인을 생각하기도 한다"였다.

더 말하자면,
매일 회의나 메일로 받는 정보나 기획 내용에 관해
실제로 거리를 보면서
머릿속으로 시뮬레이션을 한다.

정보가 가시화되고
본 풍경이 정보화되기도 한다.

그 결과, 보다 기획이 구체적이 되어
수치까지 보이게 된다.

능력이 아닌 노력.
정보는 인풋한 것만으로는 단순한 정보에 불과하다.
그 정보를 어떻게 기획으로 승화시키느냐가
기획의 포인트다.

더욱이 이런 것은 누구나 할 수 있다.

취재 여성은 납득한 듯 고개를 끄덕였지만
사실은 CCC 디자인의 젊은 사원에게 들려주고 싶었던 이야기다.

기획이란 생각한다고 생기는 것이 아니라
경험에서 생겨난 마음이지만,

새롭게 알게 된 정보
무엇보다
자신의 집념에서 생겨난다고 생각하는 요즘이다.

2014년 5월

무엇을 위해 만드는가

도저히 짬을 낼 수 없는 상황임에도
오늘 밤에 10시 넘어 에어프랑스기로
하네다공항에서 이탈리아로 향한다.

사람은 물건을 만들 때
먼저 숲을 본다.
그리고 나무를 보고,
그리고 잎을 보고,
그러다가 잎의 먼지까지
신경 쓰게 된다.

이런 이야기가 있다.
벽돌을 쌓고 있는 벽돌공에게 어떤 사람이
"무엇을 하고 있나요?" 하고 물었더니

A라는 벽돌공은
"벽돌을 쌓고 있습니다"라고 답하고

B라는 벽돌공은
"기회를 만들기 위해 벽돌을 쌓고 있습니다"라고 답하고,

C라는 벽돌공은
"세계 평화를 위해 꼭 필요한 교회를 짓기 위해
벽돌을 쌓고 있습니다"라고 답했다.
보기에는 전부 벽돌을 쌓고 있는
벽돌공의 풍경으로밖에 보이지 않지만
벽돌공의 의식은 저마다 다르다.

마찬가지로
매장을 기획할 때도
'무엇을 위해 만드는가?'가 빠져 있으면
좋은 매장을 만들 수 없다.

후타코타마가와점은 상당히 세세한 부분까지
마스다가 관여했기 때문에
아무래도 잎의 먼지에 눈이 간다.

그럴 때는
아무리 바빠도 현장을 벗어난다.
이번 이탈리아행도
세상의 변화와 고객의 기분으로
후타코타마가와가 처해 있는 매장의 전체상이나 비전 등을
직시할 수 있었으면 하는 생각에서다.

이탈리아 와이너리에서 맛있는 와인도 마시고
깊은 사색에도 잠기고 싶다.

그러고 보니, 이번 주말에는 카페 미켈란젤로의 테라스에서
사색에 빠져 있을 시간이 없겠구나……

2014년 6월

완벽한 메시지를 전하는 데 집중한다

마스다는 고객에게
영업 관련 프레젠테이션을 할 때
일단 사장실의 이시쿠라 군에게 '원안'을 만들게 한다.

첫 고객이나 기획일 때는
무엇을 전하고 싶은지
브레인스토밍으로 키워드를 전하고,
단골고객일 때는
아무 말 하지 않아도 이시쿠라 군이
기본 자료를 만들어준다.

그 원안이 괜찮으면
자료를 전부 출력하여
고객 입장에서 바라본다.
지루한 부분은 삭제하고
이해하기 어려운 부분은
이해하기 쉽게 수정 요청을 한다.

가장 중요한 것은
대략 훑은 프레젠테이션 자료를 앞에 두고
눈을 감은 후
무엇을 전하고 싶은지를 떠올리고
완전한 고객의 기분으로 고객 입장에서
다시 한 번 어떻게 전해질지를 확인하는 것이다.

그리고
고객이 가장 관심을 가질 만한 설명의 흐름이나
프레젠테이션 시간의 길이 등을
이미지로 그리면서 최종 점검을 한다.

여기서는 이런 질문이 나올 것이다,
여기서는 휴식 시간을 넣어야 한다,
만나지도 않은 사람과 대화를 주고받고
만나지 않고도 답이 보일 정도가 될 때까지
집중하여 시뮬레이션한다.

몇 번이고, 몇 번이고 완성된 파워포인트 페이지를 넘기며
고객의 느낌이나 기분을
내 안에서 끌어낸다.

그 느낌을 기억하고 실제로 고객 앞에 선다.

그때는 이미 상대의 기분을 손에 잡힐 듯
이해하고 있는 내가 있다.

말하는 내용도 파워포인트도
모두 머릿속에 들어 있어
클릭만 해도
어떤 페이지가 나올지

어떤 말을 해야 할지
의식하지 않고 할 수 있다.
나의 의식은 오로지
상대가 어떻게 받아들이는가에 집중되어 있다.

몰랐던 것을
바로 알게 되어
'대단하다!'는 생각을 하고 있다는 것도
훤히 알 수 있다.

그러면 다음에 해야 할 말도 명확해진다.

프레젠테이션은 계속 힘을 받고
드디어 시간이 다한다.

마스다의 프레젠테이션은
파워포인트를 설명하는 것이 아니라
전하고 싶은 메시지를
완벽하게 전하는 데만 집중한다.
정해진 방법이 아니라
모든 방법을 동원하여 전한다.

그런 프레젠테이션을
모두가 할 수 있게 된다면
멋진 회사가 될 수 있으리라 생각한다.

전혀 어려울 건 없다.
하고자 하는 사람은 반드시 할 수 있다.

세계 최고의 기획회사는
반드시 실현된다.

2014년 6월

아무도 모르는 기획 기법

다이칸야마의 물건을 취득하고
어떤 것을 만들까 고민하던 참에
먼저, 고객의 기분이 되어보려고
퍼스널 트레이너와 함께
물건 주변을 빙빙 돌아다녔다.
매주마다
요일과 시간을 달리하여.

사람은 산책을 하거나 조깅을 하면서
아이디어를 낸다는 사실을,
어느 뇌과학자가 실험하여 텔레비전에서
그 결과를 발표했다.

확실히 회의실에서 생각하기보다는
물건을 보면서 생각하는 게
상상력도 넓어진다.
특히, 주택가를 달리거나
경쟁점을 보면
새로운 이미지나 아이디어가 솟는다.

언젠가부터 그런 이미지나 아이디어를

휴대전화에 메모하여
PC로 전송하고 있다.
그러고 얼마 되지 않아서부터
마음에 드는 풍경이나 마음에 드는 가게 등을
휴대전화 카메라로 촬영하고 있다.

어제도 후타코타마가와로 달려가
이런저런 사진을 찍었다.
어제의 테마는
'후타코타마가와의 주말은 대부분 아이 동반'이었다.

그 메일에 다시
아이디어를 더하여 관계자에게 보내고
휴대전화로 촬영한 사진을
사장실 직원에게 파워포인트로 만들게 하여
기획서 소재로 활용하고 있다.
그런 메일은
일주일이면 100건 가까이 되어
기획력의 원천이 된다.

아무도 모르는 마스다의 기획 기법이다.

블로그 원고조차
뭔가 떠오르면 달리면서도 키보드를 두드린다.

헉헉.

2014년 9월

기분 좋게 일할 수 있는 환경

츠타야 사업에 관해
마스다가 귀에 못이 박히도록 해왔던 말.

새로운 매장을 만들 때는
사무실부터 만들어라.

매장은 영업을 해야 하니 아무 말 하지 않아도
알아서 열심히 만든다.

대체로 공사가 늦어져
상품 반입과 수정 공사로 몹시 혼잡한 와중에
매장을 만들어야 하니

사무실에 가면
상품과 전표, 청소용구와 공사 쓰레기 등등으로
발 디딜 틈이 없다.

그런 경험을 몇 번이나 거치며
무슨 일이 있어도
사무실부터 제대로 만들어
개점을 도우러 온 사람들이 움직이기 편하도록
그날의 스케줄과 조직도를
항상 사무실에 걸어두었다.

개점 작업에 필요한 청소 도구나
전화기 복사기 등의 비품류도,
개점했을 때의 상태로
가장 먼저 사무실부터 만들어
모두가 일하기 편한 환경을 갖추었다.

회사 사무실에서도
복사 용지나 비품류가 어디에 있는지 알 수 있도록
담당자를 정해 모두가 일하기 쉬운 사무실을 목표로 했다.

기획을 하는 사무실에서 필요한
서적이나 잡지도 '정물 정위치'를 염두에 두고
책장별로 담당자를 정해
서로가 기분 좋게 일할 수 있는 환경을 도모했다.
이것은 전체를 움직일 수 있는
리더만이 할 수 있는 일.

실제로 하는 것은 모두이지만,
목표점을 정하고 그 역할 분담을 정하는 것은
리더의 일이다.

그런 식으로 기분 좋게 일할 수 있는
최소한의 환경을 마련하지 않으면
사람은 기분 좋게 일할 수 없다.
일을 더 해주기를 바라기 전에
리더로서 해야 할 일을 하지 않으면
사람은 움직여주지 않는다.

꿈만으로는 꿈을 실현할 수 없다.

2014년 9월

새로운 수요 창조

오늘, 어느 회사의 사장 취임 파티에서
일본 경제계를 대표하는 경영자와 잠깐 나눈 이야기.

힘든 시기에 사장이 되었다기에
그 이유를 물었더니

앞으로 10년 정도
세계적 불황이 이어지기 때문이라고 한다.

원인은
지금까지 전 세계에 공장을 짓고 매장을 만들며
IT혁명과 e커머스 보급 등
공급만 강화해왔는데
수요가 그것을 따라잡지 못해.
물건과 매장은 남아돌고 매출은 늘지 않는 상황이
더욱 심화되었다는 것이다.

더구나 일본의 대기업은 그 매출을

해외에 의존하고 있기 때문에
국내만 잘 되어서는
회사의 실정은 나아지지 않는다고 한다.

CCC는
매출의 대부분이 국내 매출이라,
그런 의미에서는 세계적 불황의 영향을 정면으로 받지는 않는다.
세계적으로 진행되는 격차사회나
콘텐츠 무상화의 영향은 받지만
창업 이래 내걸어왔던 '생활 제안'은
공급력 강화가 아닌
생활 제안에 따른 수요 창조다.

이런 집에 살고 싶다,
이런 생활을 하고 싶다,
이런 곳에 가고 싶다,
아이에게 전동자동차를 태워주고 싶다고 하는
'wants'를 낳는 것,

즉 수요를 창출하는 일이다.

그래서 지금 츠타야 서점이나 티사이트에
이렇게 많은 출점 요청이 쇄도하고 있는 것일지도 모른다.

앞으로 이어질 세계적 불황의 10년을
'생활 제안'으로 극복해야만 한다는 생각을 하게 했던
짧지만 귀중한 시간이었다.

2014년 10월

선입관과의 전쟁

서점의 책을 카페에서 무료로 읽을 수 있다면 좋겠다는 생각에
북카페를 만들었다.
하지만 만든 당시에는
아무도 서점의 책을 카페에 들고 가서 읽어도 된다고
생각하지 않았다.
하지만 다이칸야마는 지금 그것이 당연하다.

오늘 아침, 쇼난 티사이트 오픈 때 그 안에 자리한 스타벅스에 갔다.
만든 사람은 모든 고객이 책을 들고
스타벅스에 가서 읽을 거라 믿어 의심치 않는다.
하지만 쇼난의 손님은 그런 경험이 없어
아무도 책을 들고 스타벅스에 가지 않는다.
이런 손님의 선입관을 바꿀 전쟁이 시작된다.

또 쇼난 북카페의 부분 오픈은
아침 7시부터지만
쇼난의 손님은 아무도
아침 7시부터 열려 있으리라고는 생각하지 않는다.
오늘 아침도 10시가 되어서야 겨우 손님이 오기 시작했다.
서점은 10시부터라는 선입관과의 전쟁도 시작된다.

CCC에서도 '회사란 이런 것이다'
혹은 '일은 이런 것이다'라는 선입관이
세계 최고의 기획회사를 실현하는 데 걸림돌이 되고 있다.
이노베이션이란 다름 아닌 선입관과의 전쟁이며
새로운 상식을 낳는 작업임을
새 매장을 보며 생각했다.

2014년 12월

그 자리에서
1년 후의 기획을 하는 이유

지난주는 1년에 한 번인 이벤트가 두 개나 있었다.
츠타야 오너 회의(TOC)와
티사이트의 지역 제휴 대리점과의 회의.

회의가 끝나면 항상 담당자에게
반성과 동시에 내년도 기획을
당일 중에 바로 마무리 짓도록 지도한다.

이유는
실제로 1일 이벤트를 하면 고객의 반응을 잘 살펴볼 수 있어
그 자리에서 다양한 반성과 아이디어가 생겨나기 때문이다.

실수한 일은 내년에 다시 실수하지 않고
잘한 일은 내년에 더 향상시키기 위한
다양한 아이디어와 구체적인 액션이 떠오른다.

기획이 정보 조합의 산물이라면
정보가 가장 많은 당일에 내년도 기획을 하는 게 맞는 일이다.
일 년이 지난 후 무엇을 할까 생각하기보다는
지금 시점에서 무엇을 해야 할지 생각하는 편이 기획의 질을 높인다.

회의가 끝나면 즉시 모든 감상문을 훑어본 후
느낀 바를 엑셀에 입력하고 분류하여
내년도 기획을 정리한다.

내일은 츠타야 회의에서
내년 TOC 기획의 브레인스토밍이 있다.
모두 함께 각자 느낀 점을 쓴 메모를 공유하여
내년도 기획을 완성했으면 한다.

2015년 2월

어떻게 따라 할 것인가

평일인 오늘 아침도 다이칸야마 티사이트는
사람들로 발 디딜 틈이 없었다.
인적이 드물던 조용한 주택가가
상업 공간으로 탈바꿈했다.
이 다이칸야마 츠타야 서점 역시
3년이 지나니 경쟁회사가 분석을 하고

그 이상의 것을 만들려고 도전장을 내밀었다.
흔하고도 당연한 이야기.

북카페는 마스다가 고객의 기분으로
'경치 좋은 카페에서 커피를 마시며
책 읽는 시간을 즐길 수 있다면 멋지겠다'는 생각에서 탄생했다.

한편, 뭔가 돈 되는 일이 없을까 하는 생각으로
사람들이 모여드는 북카페를 찾아내어
똑같이 따라 하는 사람이 있다.

전자는 일이 잘 안 되면
'고객의 시선에서 더 멋진 시간을 만들 수 있을까?'
개선을 시도하지만,
후자처럼 단순히 따라만 하는 회사는
'왜 잘 되지 않을까?'
'왜 돈이 벌리지 않을까?' 하는 생각뿐이다.

그래서 개선 방법이 보이지 않는다.
집념이 있으면 길은 열린다는 말을
자주 듣는데,
단지 흉내만 내어 돈을 벌려는 사람 앞에서
길은 열리지 않는다.

가게는 손님을 위해 있고
돈벌이는 결과에 지나지 않는다는 선인의 가르침을
다이칸야마의 카페에서 커피를 마시며 떠올렸다.

2015년 3월

사람의 본질에서 벗어난
미래는 없다

어느 세션에서
'마음의 미래'라는 테마에 관해 대담을 했다.

마스다가 미래에 관해 생각한 것.

결국, 미래는 사람이 만든다는 것과
사람의 본질에서 벗어난 미래는 없다는 것이다.

사람은 머리와 몸과 마음으로 이루어져 있다.

몸에 관해서는 줄기세포(iPS세포) 같은 바이오 기술에 의해
육체의 가능성을 넓히고,
머리에 관해서는 컴퓨터의 발명이나
구글 같은 새로운 솔루션이 생겨나
인간의 지적 생산성은 폭발하고 있다.
하지만 마음에 관해서는 그러한 마음의 기능을 확대할
솔루션이 없다.

요즘 들어 이 부분을 담당하는 것이
'라이프스타일을 제안하는' CCC의 역할이라는
생각이 든다.

머리는 자신을 생각하고
마음은 타인을 생각하는 것이라면

'이타의 마음'을 확대하는 것이
CCC의 미션.

일본 문화에서 환대는 이타의 마음이 형식화한 것이고
일식과 일본 건축은 대부분 이타를 전제로 하고 있다.

그런 의미에서, 일본의 라이프스타일이
세계적인 지지를 받게 된 것이라 생각하고
그런 라이프스타일을 전 세계에 제안하는 것이
CCC의 미래의 일이 아닐까 생각한다.

2015년 6월

대답은 상대가 하고
있는 것 같아도
사실은 내가 시키고 있다

최근에
회사의 운명을 좌우할 만한 큰 안건을
몇 가지 병행하여 진행하고 있다.

어제 그 안건 중 두 가지를 고객에게 선보이자
한 회사는 '의뢰하겠다'는 응답을 했고
다른 한 회사는 '거절'의 의사를 나타냈다.

그 응답으로 현장 사람들은 술렁였지만
마스다는 마음속으로
고객의 응답은
고객이 하고 있는 것이 아니라,
고객이 그러한 응답을 하도록
CCC가 활동한 결과라고 생각했다.
입장을 바꾸어,
좋은 것이라면 고객은 저절로 찾을 것이고
쓸모없는 것이라면 필요로 하지 않을 것이다.
물론 열심히 영업하는 것도 중요하지만,
애초에 우리의 '제안(기획)'이
상대에게 얼마나 가치가 있느냐가 관건이다.

오늘 다이칸야마는 아침부터 비.
하지만 점심에 잠깐 비가 그치자 손님이 많아졌다.
이런 다이칸야마의 불편한 장소에,
더구나 비 오는 날에
이만큼의 손님이 찾아온다는 것은
역시 찾아올 만큼의 '가치'가 있기 때문이 아닐까.
절대 홍보를 했거나 입지가 좋아서는 아니다.

클라이언트 기업에 대한 제안 역시
아무리 비싸도, 아무리 어려워도
고객의 기업에 가치가 있다면
"하고 싶다, 하자"라고 말할 것이다.
거절당하는 것은
우리가 제안한 기획에 가치가 없기 때문이다.

CCC는
가치를 더 높이기 위한 노력을 하면 될 뿐이다.

거절의 응답을 긍정적으로 파악하여
더 열심히 하면 된다.

언젠간 "의뢰하겠다"는 말을 들을 날을 꿈꾸며.

2015년 8월

예술이 있는 생활 제안

'세계 최고'의 예술 서점을 생각하고 있다.

계기는
세상에 존재하는 모든 것이 예술이 된다는 가설.

또 한 가지 이유는 생활 제안 기업으로
예술에 관해 일본에서 가장 잘 아는
집단이 되고 싶어서다.

미술 정보 월간지인 〈미술수첩〉에 출자를 했던 것도
그런 생각이 있었기 때문이다.

사명인 컬처 컨비니언스 클럽(CCC)의 컬처는
번역하면 '문화'다.
문화를 사전에서 찾아보면 '생활양식'
즉 라이프스타일이다.

최근 세계적으로
일식이나 애니메이션 등의 일본 문화가 주목받고 있고
인바운드로 일본을 방문하는 관광객도
극적으로 늘어난다면
일본 문화를 더 규명해야만 한다.

예를 들면, 생활양식 중의 의식주,
그중에 '주'라고 하면 일본의 신사와 불당,
특히 유명한 곳으로 가쓰라리큐와 그 다실 등이 있지만
설계 면에서도
일본 건축가는 세계적으로 큰 인기를 끌고 있다.

지금 생각하는 예술 서점에는
건축도 예술로 인식하여 건축가의 책을 갖추고 싶다.
예를 들어 구마 겐코 씨의 책은
과거에 대략 100권 이상이 출간되었다.
중국에서도 엄청난 인기였지만,
구마 겐코 씨의 출판물을 모두 갖춘 서점은 없다.

구마 겐코 씨에 한하지 않고
일본의 저명한 건축가의 책은 모두 예술로서 갖추고 싶다.

프랭크 게리, 헤르조그 앤 드뫼롱
프랭크 로이드 라이트
르 코르뷔지에 같은 건축가의 책도
모두 갖추고 싶다.
건축을 예술로 인식하는 감각으로.

일본도(日本刀)는 예술로 인식할 수 있지만
일본의 칼도 조리 도구가 아닌
예술로 인식하고 싶다.
예술에 관한 책뿐만 아니라
실제 예술도 판매하고 싶다.

우리끼리
갤러리 사업에 착수해볼까도 싶다.

수년 전에 시작한
아트 인 더 오피스라는 이벤트를 확대 해석하여

내년부터는 일전에 실시했던 티벤처프로그램T-VENTURE PROGRAM처럼
일본의 젊은 예술가를 후원하는
아트 어워드도 발족시키고 싶다.

어쨌든
생활에 관한 모든 것이 예술이 되는 생활을 실현하는 데
기획회사로서 뭔가 공헌을 하고 싶다.

2015년 12월

팔리는 기획을 만든다는 것

기획회사의 일은
세상에 존재하지 않는 물건을 새롭게 기획하여
물건으로 존재하게 하는 것이다.

32년 전에 츠타야는 없었고
4년 전 다이칸야마에는 츠타야 서점이 없었다.
사실, 세상에 존재하는 것은 모두
기획과 검증이라는 과정을 거쳐 물건으로 존재한다.
자동차도, 컴퓨터도, 스마트폰도.

CCC가 기획회사로서 만들어낸 기획은
'4가지 조건'에 들어맞지 않으면
기획으로 팔아서는 안 된다고
점포 프로듀서들에게
최근 입이 닳도록 이야기하고 있다.

4가지 조건이란
첫째, '고객가치'가 있어
그 기획이 고객의 지지를 받을 것.

둘째, 돈을 가진 사람이 그 기획을
사고 싶게 만드는 '수익성'을 실현할 것.
즉 '팔리는 기획'일 것.

셋째, 그 기획의 실현을 통하여
사원이나 관여하고 있는 사람이 성장할 수 있을 것.
즉,
세계 최고의 기획회사가 되기 위한 일일 것.

넷째, 그 기획으로 사회가 좋아질 것.
즉 사회공헌으로서의 일이다.

이 네 가지 조건에 부합해야만
CCC는 일을 할 수 있다.
단순한 돈벌이나,
고객에게 기쁨은 주지만
회사로서는 적자인 사업,
회사는 돈을 벌지만
사원이 피폐해지는 일 같은 것은
해서는 안 된다.

서로 모순되는 네 가지 가치를 실현하기란
결코 쉬운 일이 아니다.

그렇기 때문에
그런 것을 실현할 수 있는 '기획 인재'는 귀중하고
기획 인재를 낳을 수 있는
메커니즘을 가진 기획회사가 필요하다.

창업 당시, 어렴풋하게나마
세계 최고의 기획회사가 되겠다는 생각을 했었는데,

이처럼 구체적으로 말할 수 있게 되기까지
32년 동안의 시간과 역사가 필요했다.

2015년 12월

기획을 구체화시키는 힘

CCC가 만들고자 하는 기획의 네 가지 조건은
어제 쓴 대로다.

기획을 정리할 때
마스다가 의식하는 것은 두 가지다.

하나는 물건이 되기 전의 기획은
말하자면 '콘셉트'라는 것.
콘셉트를 사전에서 찾아보면 '개념'이다.

개념을 형태로 하기 위해
항상 '콘셉트'를 기능과 이미지로 표현하려고 한다.

즉,
새로운 유리잔 아이디어가 떠오르면
'기능'으로서 몇 cc의 액체를 담을 수 있는지와
감촉이나 사용하는 소재
디자인 등의
'이미지'에 관해 규정한다.
이 기능과 이미지를 특정함으로써
콘셉트는 형태에 가까워진다.
그리고 다시 사람들에게
그 콘셉트를 전하고 실현하기 위해
콘셉트를 '5W1H'로 표현한다.

예를 들면,
언제까지
어떤 장소에서
누가

어떤 물건을
어떻게 하고 싶은가를
규정한다.
그렇게 함으로써 관계하는 사람의 이해도 깊어져
콘셉트는 보다 구체적인 형태가 된다.

애초에 콘셉트란
형태에서 생겨난 것이 아니라
사람들이
이런 가게가 있으면 좋겠다,
이런 물건이나 이런 서비스가 있으면 좋겠다,
이런 시스템이나
이런 회사가 있었으면 좋겠다,
하는 착상에서 시작된다.

그것을 형태로 하는 데 가장 중요한 것은 '집념'.
집념이 없으면
다양한 문제에 부딪쳤을 때 돌파할 수 없다.

콘셉트를 형태로 하는 데도 가장 필요한 것은 '집념'
강한 집념이 기획을 형태로 한다.
집념이 없는 사람은 돈을 갖고 있어도
부하 직원을 갖고 있어도
경험을 갖고 있어도
절대 좋은 기획이 생겨나지 않는다.

나이는 전혀 관계없다.
더 젊은 사람들이 도전하기 바란다.

마스다가 이전 회사에서
기루이자와의 상업시설 기획을 맡았던 것은
입사 2년차 봄이었다.

2015년 12월

취향을 설계하다

다이칸야마를 기획하던 중에는
매주 주말마다 카페 미켈란젤로의 테라스에서
고객의 기분이 되어 가장 가고 싶어지는 장소를 이미지하고,
이런저런 공상을 하며 기획서를 썼다.
그러다가 카페 미켈란젤로 앞을 지나다니는 사람들의 특징을 깨달았다.

우선, 반려동물을 데리고 나온 부유해 보이는 고령자와
젊은 여성이 많다는 것.

최고급 외제 차를 대어놓고
그 차를 바라보며 커피를 마시는 손님이 많다는 것.
그리고 유모차를 끄는 엄마들도.

반려동물을 키우는 사람은
매일 먹이도 줘야 하고 배변도 처리해줘야 하고
산책도 시켜줘야 한다.
처음에는 즐거운 산책도
피곤하거나 바쁠 때는
무척 스트레스가 된다.
그래서 매일의 고단함을 '즐거운 시간으로 만들면 어떨까' 하는 생각을 했다.
산책 시간이 즐거워지도록
똑같이 반려동물을 키우는 사람들과 담소를 나누거나
반려동물을 맡길 수 있는 시설이
있으면 좋겠다 싶었다.
그 결과, 다이칸야마 티사이트는 반려동물 산책의 메카가 되어
전 세계의 멋진 견공들을 볼 수 있는 장소가 되었다.

그렇게 최고가 될 수 있는 장소가 실현되니
다음 문제가 발생한다.
카페 자리가 부족하거나
레스토랑도, 반려동물 트리밍 예약도 어렵다.
그곳에서 더 많은 사람들이 즐길 수 있게 하려면
자리를 늘리거나 예약 시스템을 개발하거나
기다리는 시간도 즐거워질 만한 기획이 필요했다.

다이칸야마의 레스토랑은
예약 없이 가면
늘 한 시간 정도 기다려야 할 만큼 인기다.

하지만 아이비 플레이스에서는 손님의 예약을 받은 후,
그 자리에서 줄을 서 있지 않아도
자유롭게 티사이트에서 즐기면서 순번을 기다린다.

그런 식으로 생각할 수 있는 기획맨이 있다면
한 사람의 고객이 행복해질 수 있고
많은 고객도 행복해질 수 있다.
즉 사회가 행복해질 수 있다.
매장이 즐거워지고 거리도 즐거워진다.

지방창생을 생각하기보다
한 사람 한 사람이 최고의 행복을 실현하는 접근법으로
세상을 즐겁게 할 수 있고
결과적으로 돈도 따른다.
그런 식의 기획을 생각하는 사람 중에
부처처럼 온화한 얼굴을 한 사람이 많은 이유는
분명 그 때문이다.

2016년 1월

'즐겁다' '멋지다'를 찾아서

일전에 한 아티스트가
마스다와 게스트를 자택에 초대하여
손수 만든 음식을 대접하고 싶다고 해서
토요일 저녁 7시에
예술 담당인 야마시타 군과 그 분 자택에서 담소를 나눴다.

그때 생각했던 것.

지난주 한 회의에서
가루이자와에서 실시하는 생활 제안 합숙에서는
예술, 음식, 자동차 등 '장르별 미팅 계획'을 짜고 있다는
보고를 받았다.

자동차 잡지에는 시계 광고가 등장하고,
남성 패션지에 자동차로 떠나는 온천 같은,
얼핏 패션과는 상관없는 테마도 실린다.

합숙 때에 각각 장르를 나누어
분과 회의를 할 게 아니라
요리하는 사람도 예술하는 사람도
자동차 기획 이야기를 들으면 좋겠고
자동차 관계자도 예술 이야기를 들으면 좋겠다는 생각이 들었다.

왜냐하면
자동차도 예술이 될 거라 생각했고

식(食)은 식기가 원래 예술이며
요리도 예술적인 플레이팅이
일반화되어 있기 때문이다.

마스다가 대학생일 때,
의복이 추위를 막는 기능밖에 없던 시절
일본의 디자인 평론가 하마노 야스히로 씨가
"앞으로의 옷은 모두 디자인화하여 패션화한다"고 말했듯이
모든 생활용품이 예술화하리라고 생각한다.

즉 예술이 그림이나 조각 등의
미술품이었던 그 시절부터
생활하는 곳도, 입는 옷도, 타는 차도
사용하는 식기도, 가구도, 모두 예술화해간다.

따라서 식(食)과 예술은 분리해서는 안 되고
자동차와 예술도 분리해서는 안 된다.

마스다와 야마시타 군이 함께 초대받은 집에는
아티스트로서의 그의 작품이 아닌,
공간 그 자체가 예술이었고
조명과 장식품, 그가 디자인한 가구 그 자체도
전부 예술이었다.

손님상에 내놓은 요리도 모두
그 아티스트가 손수 만든 요리로

재료 선정부터 눈앞에서 펼쳐지는
조리 시 몸짓이나 식기, 플레이팅 등이
식(食)의 예술이 되어 있었다.

시작은 저녁 7시.
마지막 커피를 내온 것이 밤 12시.

5시간에 이르는 환대는
대화까지 포함하여 일 분의 빈틈도 없는
완벽한 '작품'이었다.

다이칸야마의 마스다 자택과
가루이자와 게스트하우스를 설계해준 이케가이 씨도
완공 후 그곳에서 이뤄지는
이상적인 손님 접대의 이미지를 실현하기 위해
분위기와 어울리는 케이터링 업체와
플로리스트를 소개해준다.
손님을 초대한 날에는
설계사무소의 담당 여직원까지 파견해준다.

설계 일이 설계 그 자체만으로 끝나는 것은
그녀에게는 통하지 않는 듯하다.

생활 제안이란
장르별로 나눌 수 있는 것이 아니라
의식주 전체에 통하는
생활 이미지 자체라고 생각한다.

다이칸야마에서는 품격 있는 일상생활,
우메다에서는 일하는 방식,
앞으로 CCC는
예술이 있는 생활이나 자동차를 즐기는 생활 등을 제안해가고자 한다.

아무튼
생활 제안이라는 것은
좋고 나쁘고를 머리로 생각하는 것이 아니라

자신이 좋다고 생각했거나 혹은 체험한 것을
다른 사람에게 적극적으로 제안하는 것,
바로 그것이라고 생각한다.

마스다는
토요일 멋진 환대를 받았다고 느꼈으며
이케가이 씨가 설계해준 집에서의 생활은
더할 나위 없다.

최근에 대기업 사장을 만나면
괜찮은 제안이 좀처럼 사내에 올라오지 않으니
CCC가 해줬으면 좋겠다는 말을 종종 듣는데
CCC 자체도 아직 체험이나 정보가 적다고 생각한다.

생활 제안업을 목표로 할 바에야
멋진 제안으로 최고가 되고 싶은 생각에
최근, 그런 시점에서 주말을 보내고 있다.
'즐겁다!' '멋지다!'를 찾으러.

2016년 1월

수많은 헛됨과 실패가 있었기에

생각해보면
지금까지 많은 헛일을 해왔다.

예를 들면,
해외 억만장자의 게스트하우스 설계를 의뢰받아
그곳까지 가서 수주를 하지 못했거나

T카드 영업에서는
다양한 업종의 최고 기업에 관해
철두철미하게 분석하고 시장조사를 거쳐
제안했음에도 성공하지 못했거나,
글램핑 생활을 제안하려고
철저히 시장조사를 하는 등
대단히 헛일이라 생각되는 일을 해왔다.

하지만
당시 헛일이라 생각했던 경험과 시간, 비용 덕분에
사원의 경험이나 지식도 늘어
어려운 일을 의뢰받아도
결과적으로 받아들일 소지가 되어 있다.

당시는
마냥 한숨을 쉬거나
기분을 전환하여 열심히 일해왔지만
지금 돌이켜보니
그땐 서툴렀어도 진지하게 임했던 것이
결국 회사의 재산이 되었음을 깨닫는다.

돈벌이만으로 일에 임하는 것이 아니라
비전이나 목적에 바탕을 둔 일은
실패하든 계약이 성사되지 않든
절대 헛일이 아니다.

오늘, 눈앞에 엄청난 회사의 엄청난 사장과 이야기하면서
그리운 그 무렵을 떠올렸다.

2016년 3월

내 생각을 고집하지 않는다

사람은 풍경을 눈으로 보고 있는 듯해도 실은 눈으로 보고 있지 않다.
머리로 보고 있다.

사람은 맛을 혀로 맛보고 있는 듯해도 실은 혀로 맛보고 있지 않다.
눈으로 맛보고 있다.

사람은 이야기를 귀로 듣고 있는 듯해도 실은 귀로 듣고 있지 않다.
머리로 듣고 있다.

즉
똑같은 풍경을 보고 있어도 사람에 따라 보이는 풍경은 다르다.
똑같은 풍경인 듯하지만.

사람은 풍경 속에서 무의식중에 의미를 찾는다.

그 사람에게 의미 있는 풍경이 있다면 기억에 남을 테고,
의미가 없다면 기억에 남지 않는다.

그래서 똑같은 풍경을 봐도 사람에 따라서는 보는 법이 다르다.
풍경에서 찾아내는 '의미'는 그 사람의 흥밋거리나 문제의식,
선입관에 따라 다르다.

요리도 마찬가지로
맛있게 먹은 기억이 있으면,
똑같은 요리가 나왔을 때 맛있다고 느끼고
보기에 맛있어 보이거나
익숙한 커피 브랜드 로고가 있으면
그 커피는 맛있다고 느낀다.
사람은 눈으로 맛을 음미하는 것이다.

미래도 마찬가지로
똑같은 정보가 주어져도 사람에 따라 그리는 미래는 전혀 다르다.

최근에 여러 회사와 일을 하며
각 회사의 미래에 대한 창조력 차이에
깜짝깜짝 놀라곤 한다.

똑같은 정보를 갖고 있는데
창조적으로 미래를 그릴 수 있는 경영자나 기업이 많지 않다.

과거의 연장선상에서 미래를 그리려고 안간힘을 치면 칠수록
미래는 지루해진다.

아무것도 모르는 풋내기가 그리는 미래 역시
얼핏 재미있을 것 같아도 구체적인 이미지를 알 수 없다.

한편, 감동적인 이미지를 명확하게 그리고
그곳에 이르는 과정까지 내보일 수 있는 경영자도 있다.

그 차이는 무엇일까?

마스다는 우수한 크리에이터와 경영자의 공통점을 찾아냈다.

그것은 자신의 생각을 고집하지 않고
항상 남의 의견을 듣고자 하는 자세.
항상 모르는 것을 알고자 하는 자세.

'자신이 납득하는' 것이 아니라

고객이나 회사에 가치 있는 기획을 만들고자 하는 자세다.

그런 자세가 있으면 풍경은 다르게 보이고
맛있는 요리도 만들 수 있다.
그리고 멋진 미래도.

2016년 5월

에어비앤비와 츠타야

오늘 아침은 11시부터 9층 CCC 카페에서
홈셰어링 세계 최대 기업인
에어비앤비의 창업자, 조 게비아 씨와 둘이서 기자회견.

밤에는 고객과 회식 중인데 친구로부터 다급한 전화가 걸려왔다.
"또 CCC는 지뢰를 밟은 거야?
하긴 그게 CCC답긴 하지."

사내에서는
왜 이 시기인가?
법률이 개정되고 나서도 충분하지 않은가?
등의 의견이 분분했지만 일부러 이 타이밍에 발표했다.
그것이 'CCC답다'고 생각했으니까.

본사 9층의 기자회견장에는
지금 화제의 서비스라는 점,
에어비앤비 창업자와 마스다 두 사람의 기자회견이라는 점에서
많은 방송국과 미디어 기자들이 참석했다.

마스다의 메시지는 심플하다.
일본은 인구 감소 단계에 돌입하여
기업이 성장하기에는 격심한 상황에 처해 있다는 것.
한편, 일식과 후지산으로 대표되는
일본 문화가 세계적으로 인기를 끌면서
해외에서 일본을 방문하는 관광객(인바운드)의 수가
극적으로 증가하기 시작하여
일본 경제에 큰 효과를 가져오고 있지만,
호텔이나 여관의 수가 그에 따라가지 못해
일본인을 포함하여 일본을 찾는 관광객이 불편을 느끼고 있다는 것.

고령화사회가 되면서 빈집의 증가도
사회문제가 되고 있는데
교토의 저잣거리처럼 인바운드 손님을 대상으로
제대로 손질하면
집주인에게는 새로운 수입이 생기고
이웃 사람에게는 경관에도 좋고 방범에도 좋다는 것
등을 전했다.

에어비앤비는
2007년에 맨션에서 공동생활을 하던
조와 브라이언 체스키가
샌프란시스코에서 디자인 이벤트가 열렸을 때,
머물 곳이 없어 난감해하던 사람들에게 인터넷 광고를 내어
자신들의 집에
게스트를 숙박시킨 것에서 시작된 서비스다.
지금도 그 3명의 첫 손님과는
좋은 관계를 유지하고 있다고 한다.

지금은 전 세계에 200만 실의 방이 등록되어
누계 8,000만 명 이상이 이용하는
세계 최대의 홈셰어링 회사로 성장했다.
2014년 브라질 월드컵 때는
브라질을 방문한 50만 명의 게스트 중
10만 명의 숙박을 지원한 실적도 있어
올해 리우 올림픽에서는 공식 스폰서가 되었다.
그런 에어비앤비에 일본 내 등록되어 있는 방의 수는 3만 5,000실로,
전 세계에 등록되어 있는 200만 실과 비교하면
고작 1.75%밖에 되지 않고
일본인 중에 에어비앤비를 알고 있는 사람도

15.9%에 지나지 않으며
이용한 적이 있는 사람은 겨우 1.6%에 불과하다.

그들의 비즈니스 콘셉트는
'단순히 방을 빌려주는' 것이 아니라 집주인의 환대,
그곳에서 '게스트와의 커뮤니케이션'을 창조하는 것이다.
일본에서 문제가 되고 있는 민박처럼 방을 빌려주는 것만이
비즈니스 모델은 아니다.
그러나 일본에서 에어비앤비는 방을 빌려주는 것뿐인
민박과 똑같이 인식되고 있다.

집주인이 게스트를 환대할 생각이 있다면
이웃에 폐를 끼칠 일 따윈 없다.

따라서 오해받고 있는 에어비앤비에 대한 이해의 폭을 넓히고
일본을 찾는 인바운드 손님을 더 늘려
일본의 성장에 일조가 되기를 바라며 제휴 발표를 했다.

'일본식 홈셰어링'의 확대가 우리의 목표다.

법률적인 이야기를 하자면,
홈셰어링 같은 새로운 서비스는
여관업법이 제정된 68년 전에는 없었던 서비스다.

따라서 해당하는 법령이 없어
기존의 법령에 따르고 있지만
분명, 새로운 법령이 생길 것이다.

에어비앤비와 츠타야에는 몇 가지 공통점이 있다.

츠타야도 '생활 제안업'이라는 콘셉트로 시작했지만
지금도 '대형 대여점'으로 불리고 있다는 점.
창업을 했던 33년 전, 음반은 '사서 듣는' 것이었지만
'함께 대여하고 공유했던' 츠타야는
일본 셰어링 서비스의 선구자였는지도 모른다.

조는 에어비앤비 서비스를 하기 전에
서점 비즈니스에 도전했다가 실패한 후
고육지책으로 에어비앤비를 탄생시켰다.
마스다도 33년 전에 서점을 시작하여 지금에 이르렀다.

묘한 인연을 느낀 기자회견이었다.

2016년 5월

혼은 디테일에 머문다

물품 제조,
판매,
영업,
자금 조달,
인재 육성,
계약,
브랜딩,

사람의 일에는 다양한 계층이 있다.

현장의 일이 있는가 하면,
관리하는 일,
그리고 경영의 일도 있다.

경영 판단이 잘못되면
현장에서 아무리 노력해도 보상받지 못한다.

예를 들면,
아무리 좋은 물건을 만들어도
판매 파트너를 잘못 만나면 팔지도 못하고
고객에게 나쁜 이미지만 각인시킨다.

출점 장소나 인터넷 전략을 잘못하면
상품이나 서비스가 좋아도 팔리지 않는다.

전략의 실수는
전술로는 만회하기 어렵다.

한편,
아무리 멋진 경영계획과
경영전략, 풍족한 자금이 있어도

제품을 적당히 만들면 팔리지 않고
고객의 신용을 잃는다.

오늘 새롭게 만드는 가시와노하 티사이트의 현장 확인 차,
다른 프로젝트 멤버도 공부를 겸해
버스로 현장에 갔다.

이 물건은 다이칸야마를 본 토지개발업자가
똑같은 것을 만들어달라고 의뢰했던 것이 계기로,

다이칸야마를 설계한 클라인 다이섬에게 의뢰하여
내년 오픈을 목표로 준비 중이다.

현장은
다이칸야마를 만들었을 때와 마찬가지로
통행인은 거의 제로.

역에서도 500미터나 떨어져 있다.

정말 가고 싶은 장소로 만들지 않으면
아무도 찾아오지 않을 장소.

하지만
티사이트에 관여한 멤버들은
성공 체험을 했기 때문에

만들면 손님이 올 거라는 착각에
사로잡혀 있을지도 모른다.

따라서
만들면 손님이 오는 것이 아니라
이런 게 생기면 반드시 손님은 온다,
와도 손해 보지 않는다,
아니 오지 않으면 손해가 된다고 생각할 만큼의
기획이 필요하다.

오늘 프로젝트 멤버의 설명을 듣고는
아직 손님의 지지를 받을 만한 기획까지는 되어 있지 않다고 느꼈다.

특히 멤버의 이미지에
1센티미터 단위의 장면이 보이지 않고 있음에
불안을 느꼈다.

디자이너가 만든 도면을 받아
뭔가 좋은 공간이 생길 거라 생각하는 것만으로는
좋은 매장은 생기지 않는다.

마음이 담긴 접객과,
정성껏 마련하여 손님에게 내놓은 맛있는 요리처럼
다른 곳에는 없는 진심 어린 환대를 하지 못하면
손님은 몇 번씩 오려고 하지 않는다.

안 오면 손해일 정도의 기획을
1센티미터 단위로 쌓아 올리지 않으면
일부러 찾아와주는 공간이 될 수 없다.

Quality of life in a day.

OOD MARKET 10:00-21:00

한편, 토지개발업자에게 부탁해서
조성지를 센트럴파크 같은 공원으로 조성할 계획은
착착 진행되고 있어,
모두가 이곳에서 강아지나 아이들과 함께 산책하고 싶어 할만한
풍경은 완성되었고

근접한 맨션 단지에서 보이는 티사이트의 조망도 뛰어나며
역에서 떨어져 있긴 해도
16호선에 거의 270미터나 근접한 곳에
500대 이상 수용할 수 있는 주차장도 가능할 것 같다.

환경은 더없이 풍족한데 내용인 기획은
아직 쌓이지 않는다.

이제 여름이 막 시작되었으니 앞으로가 승부다.

그런 이야기를 하면서 함께 버스로
도쿄 사무실에 돌아왔다.

모두의 마음과 집념으로
디테일에 혼이 머물기를 기원하면서.

2016년 7월

243

세 명의 고객

다이칸야마 츠타야 서점을 만들고 나서
일본의 고객에 관해 알게 된 사실이 있다.

1,500조 엔이라 일컫는 일본의 개인 자산은
그 70%를 60세 이상의 사람이 갖고 있다는 것.

일하는 사람의 70% 남짓에 달하는 약 3,600만 명이
연 수입 400만 엔 이하라는 것.

마스다가 학생이었던
1970년부터 1990년 버블 붕괴까지의 20년간
1억 총중류 사회라 불리던 일본은 이제 존재하지 않는다.

그것이 좋다 나쁘다는 논외로 하고
현재 일본은 미디어가 말하는 '격차사회'가 되어 있다.

기획회사, 혹은 기획맨은 더 이상
예전처럼 고객을 일괄적으로 대해서는 안 된다.

마스다가 젊었던 시절에는
일본인 중에 부자라 불리는 사람은
정말 극히 일부였지만
고도성장으로 많은 억만장자가 탄생했다.

그러자 일본에는 고급 브랜드 점포가 줄을 이었고
고급 외제차 쇼룸과 고급 주택가 등도 생겨났다.

아들과 갔던 근처 갈빗집에서는
1인당 1만 엔 가까이 들었지만
이전에 갔던 패밀리 레스토랑 데니즈에서는
1인당 2,000엔도 들지 않았다.

성숙한 일본에서 기획을 팔고자 한다면
항상 가치관과 라이프스타일이 다른 고객의 시점에서
평가해야만 한다.

스마트폰의 경우 젊은 사람은 대부분 사용하지만
60세 이상의 고령자는 웬만해선 사용하지 않는다.

화제가 되고 있는 스마트폰 결제는
편리하긴 해도
돈이 없는, 돈을 쓰지 않는 젊은이들이
주로 무료 콘텐츠를 즐기는 데 이용하여
좀처럼 스마트폰 결제를 할 일이 없다.

반대로 큰 금액을 쇼핑하는
60세 이상의 프리미어 에이지 고객은
스마트폰이 아닌
플라스틱 신용카드에 애착을 갖고 있기 때문에
웬만해선 스마트폰 결제로 옮겨가지 않는다.

자산을 가진 프리미어 에이지,
그 자식들과 손주,
근로자의 3분의 2를 차지하는 연 수입 400만 엔 이하의 고객.
일본에는 '세 명의 고객'이 있다.

전 고객을 아우르는 히트 상품을 만들어내려면
고민이 필요한, 성숙한 일본 시장.

기획회사의 역할이
지금껏 이상으로 늘어났음을 실감한다.

2016년 9월

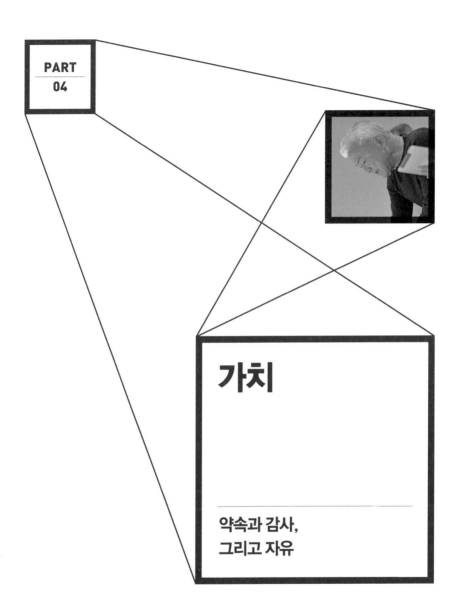

PART
04

가치

약속과 감사,
그리고 자유

249

새로운 신용을 이어간다

우물의 물을 마실 때는 우물을 만든 사람의 노고를 떠올린다.
이 노고를 떠올릴 수 있는 것이 인간성이다.
보통 사람은 물맛에 대해 이야기할 것 같은데,
오늘 아침 신문에 이런 내용의 칼럼이 실려 있었다.

CCC에서 일하는 사람은,
부지불식간에 CCC가 신용의 혜택을 받고 있다고 생각하겠지만,
CCC의 신용이란, 예를 들어 거래처 입장에서 보면
'무슨 일이 있어도 약속한 기한 내에
정확히 돈을 지불해주는 회사'다.
상장도 했고 나쁜 일은 하지 않을 거라는 암묵의 신용.
정확하고, 지연도 없고, 지불 단계에서 가격 후려치기 같은 것 없이도
돈이 들어온다는 '고객가치'가 보증되어 있다.
그래서 CCC는 의심의 여지 없이
회사의 재무 상황을 설명하지 않고도 거래가 가능하다.

최근 마스다의 걱정은
그러한 신용은 다름 아닌
과거 여러 사람들이 만들어온 것이라는 점이다.
마스다는 현재의 CCC 사원이
신용을 이용하는 것은 상관없지만,
새로운 신용을 만들어주기 바란다.

예를 들면, CCC를 찾아오는 사람들에 대한
예절이나 매너에 신경 써주었으면 한다.
많은 부동산개발업자는
CCC의 신용이나 츠타야의 매장 전개력을 보고
다양한 물건을 소개해주며,
엔터테인먼트 회사는

츠타야의 판매력을 기대하고
다양한 작품을 가지고 와주며,
시스템 회사는
새로운 기술을 현장에 많이 소개해주고 있다.

그런 것을 당연하게 생각하지 말고
왜 이렇게 사람이 모일까,
더 모이게 하려면 어떻게 해야 할까를
생각하기 바란다.

마스다는 언제든
상대 입장에서, 내가 겪어서 싫었던 것은 하지 않고
내가 겪어서 좋았던 것은 가능한 한 하려고 한다.

예를 들면,
부동산개발업자가 물건을 소개하면
되도록 빨리 답변을 하거나
안 되는 경우는 문서로 제대로 된 이유를 설명하고,
시장조사를 한 경우는 그 데이터를 전하여
CCC와 함께해서 좋았다는
생각이 들게끔 했다.

왜냐하면 옛날의 CCC에는 신용 같은 건 없었기 때문이다.
그런 것들이 쌓이고 쌓여 CCC 팬이 생긴 게 아닐까.

오늘 오전은 IT회의.
오후부터는 경영 기획 스태프가 중기 계획의 골자를
경영회의 멤버에게 프레젠테이션하고, 가을까지 정리할 의견을 모두 발표한 후
다시 의견을 교환하는 '좋은 회의'를 기획해주었다.
다만 6시간이나 걸리는 바람에 역시 조금 피곤해졌지만(ㅗㅗ).

2007년 8월

츠타야를 움직이는 꿈의 힘

오늘부터 일주일간 츠타야의 상품본부장 스가누마 군이
NEO(차세대 경영자 육성 프로그램) 비서격으로
마스다와 동행하고 있다.

스가누마 군은 1994년에 입사(10기생)하여
1999년 섣달그믐에 오픈한
시부야 츠타야의 프로젝트 멤버로,
프로젝트를 시작한 1997년부터 2년간
아무 일도 하지 않고(?) 마스다 곁에서 놀고 있었다.

마스다가 스가누마 군을 시부야 츠타야의
프로젝트 멤버로 지명한 이유는
'하고 싶지만 할 수 없는 일을 실현하는'
프로세스를 몸으로 배우고 싶어 했기 때문이다.
현재 시부야 츠타야가 있는
일본의 타임스퀘어라 할 만한 초특급 입지에
지하 2층, 지상 8층의 물건을
츠타야로 기획하는 것은
당시의 CCC로서는 실현 '불가능한' 프로젝트였다.

마스다도 예전에, 스가누마 군과 마찬가지로
'하고 싶지만 할 수 없는 일을 실현하는'
프로세스를 스즈야에서 배웠다.
마스다도 스가누마 군처럼 2년간 아무 일도 하지 않고
아오야마 벨커먼즈의 기획 프로젝트팀에 있었다.
당시의 마스다는 '생활 제안'이라고 하지만, 제안해야 할 생활을 알지 못하는
갓 학생 티를 벗은 신입사원이었다.
당시 스즈야에는 많은 선배사원이 있었고
'여성복 판매'에 관해서는 월등했지만,

오히려 그 일에 속박되어
그 세계에 오래 몸담았던 당시의 스즈야 사원들에게는
갑자기 '생활 제안'을 하라는 말이
어려웠을지도 모른다.
그래서 마스다처럼 아무것도 모르는 갓 학생 티를 벗은,
어떤 의미에서는 풋내기를 놓게 하여
'생활 제안'을 할 수 있는 생활을 알 수 있도록 '교육'시킨 거라 생각한다.

스가누마 군이 입사했을 당시의 CCC나 츠타야도
명목은 '생활 제안'이었지만
실상은 대여점으로
이익을 내어 빚을 갚기에 급급한 회사였다.

스즈야에 입사했던 당시의 마스다가 그랬듯이
아무도 스가누마 군을 교육시키지 않고
방치해두고 있었다.
마스다는,
마스다와 함께 시부야 츠타야 프로젝트를 기획함으로써
'생활 제안'을 할 수 있는 인재를 키우고자 했다.
덕분에(?) 스가누마 군은 지금 츠타야의 상품기획 책임자로서
츠타야를 찾는 많은 고객에게
라이프스타일을 제안해주고 있다.

주말엔 CCC캐스팅 사장 다카하시 야스 군의 결혼식이
아카사카의 레스토랑에서 있어 초대받아 참석하고 왔다.

옛날에는 사원의 결혼식에
대부분 얼굴을 내밀었다.
주례도 적극적으로 받아들여

30대에 이미 10쌍이나 되는 사원들의 주례도 섰다.

그런데 사원이 300명을 넘어서니

모든 사원의 결혼식에 참석하는 것이 물리적으로 어려워져

어떤 결혼식에는 참석하고 어떤 결혼식에는 참석하지 않으면 불공평하다는 생각에

어느 시기부턴가 모든 사원의 결혼식에는 가지 않기로 했다.

하지만 비서인 노무라 군과 당시 사장실의 니시다 군 등

직속 부하 직원의 결혼식에는 참석하고 있어

그 흐름 속에서 직속 부하 직원(?)인 야스 군의 결혼식에 참석했다.

피로연에서는 주빈으로서

하객들 앞에서 결혼식에서 느낀 '조합'과 '꿈의 힘'에 관해

인사말을 하게 되었다.

내용은 여러분도 아시다시피(?)

야스 군은 'CCC가 목표로 하는 미래와 인사 전략'에는

훤하지만

'신변이나 실무'에서는 약간 불안스러운(?) 면이 있다.

반면, 그의 신부(前 CCC 13기생)는

실무에 강한 똑소리 나는 여성이다.

그런 두 사람이야말로 부부로서 한 조가 되어

서로 보완하고 장점을 살릴 수 있는

최고의 '조합'이라고 생각했다.

마스다와 야스 군이 만난 시기는

2002년 무렵 마스다가 츠타야 사업본부장으로서

현장에서 츠타야와 가맹점 그리고 지점과의 연관성을 파악하여

츠타야의 가치를 '차세대 츠타야'로

새롭게 재구축하고 있을 때였다.

당시 야스 군은 SV(슈퍼 바이저)를 중점으로 하고 있었다.

업무를 재정비하는 일을 하고 있었지만
그 후 경험도 없으면서
"CCC의 인사 관련 일을 하고 싶다"며 마스다를 찾아왔다.

수년 후 그 야스 군이
CCC그룹 65개사,
사원 수 3,500명의 인사 책임자를 맡고 있다는 사실에서
사람이 갖는 '꿈의 힘'이
CCC를 움직이고 있음을 실감한다.
이것이 앞에서 이야기한 '꿈의 힘'의 의미다.

마스다는 '꿈은 반드시 이루어진다'고 믿고 있지만,
사람에게는 각자의 꿈이 있고
그 꿈을 이루어가는 집합체가 CCC다.

2007년 8월

책임을
다한다는 것

오늘은 제91회 정례 CISC(IT회의)가
오전 9시부터 11시까지 있었다.
안건으로서 'YGP(에비스가든 플레이스) 21층의
컴퓨터실 개선 제안'이 있었다.
CCC그룹의 핵심 테마는 보안이 철저한
오사카 데이터 센터에서 관리하고 있지만,
13년 전 본사 기능을 오사카에서 도쿄로 옮긴 후에 생긴
IT인프라는 YGP 21층에 서버를 두고
개발하고 운영하게 되었다.

예를 들면 예전에는 없었던 메일 인프라와
워크 프로 시스템, 연결 회계 시스템 외에
각사의 서버가 설치되어 있다.
YGP는 오피스 사용이기 때문에 데이터 센터로서의 설비는
불충분하여 위기관리 면에서도
제대로 된 곳으로의 이설이 필요하다는 제안이 받아들여져서
이번에 안건으로 오른 것 같다.

오늘 보고를 듣고, 마스다는 유명한 대기업 사장 몇 명과
해외에 갔을 때의 '한 풍경'이 떠올랐다.
호텔에서 엘리베이터에 탔을 때
문이 닫혀도 아무도 행선지 층수 버튼을 누르지 않고 가만히 있어
문이 열렸을 때는 여전히 1층이었다.
대기업 사장은 보통 엘리베이터 층수 버튼을
직접 누르지 않아도 누군가가 눌러주기 때문에
누군가가 누를 거라는 생각에 아무도 누르지 않았던 것이다.

또 한 가지는 마이크로소프트(MS)가
지금처럼 큰 회사가 되기 전에
미국 MS 공장을 견학하러 갔을 때의 풍경이다.

5,000평 정도의 단층 공장이었는데,
일하는 사람은 남미계의 젊은 여성뿐이었지만 청소와 정리정돈이
구석구석까지 미쳐 있는 모습을 보고
왜 이렇게 철저히 청소를 하고 있느냐고 물었다.
안내를 해주던 MS 담당자가 바닥을 보라고 해서
바닥을 살펴보니 5,000평의 바닥에 바둑판 눈 같은 선이 살짝 그어져 있고
모든 바둑판 눈의 오른쪽 구석에 이름 스티커가 붙어 있었다.

엘리베이터 버튼을 누르는 것은 '내가 아니다'라고 생각하는 집단은
몇 명이 있어도 아무도 버튼을 누르지 않지만,
5,000평의 넓은 바닥도 자신이 담당할 공간이 정해져 있고
그것이 명시되어 있으면 철저히 자신의 시간을 사용하여
책임을 다한다는 인간의 행동심리에서
아무리 넓은 바닥이라도 깨끗하게 할 수 있다는 것에 감동했었다.

그 일로 큰 집단에서 일을 할 때의
매니지먼트 힌트를 얻을 수 있었다.
즉시 에비스 21층의 컴퓨터실 관리 책임자를
명확히 정하여 표기하라고 회의 중에 지시했다.

또 다른 안건으로, 5년 전에 개발하여 내년에 감가상각이 끝나는
'그룹 경리 시스템의 재구축 제안'과 관련하여
경리 부분 직원의 설명이 있었다.
당면한 과제로는, 전문가를 넣어 어떠한 경리 인프라를 만드는 작업을
내년 3월까지 하겠다는 경비 신청이 있어
승인되었다.

CCC그룹이 앞으로 세계 최고의 기획회사가 되기 위한
IT인프라의 재구축이 되기를 기대하는 바이다.
마스다는 보고를 들으면서 모두가 이렇게나 회사를
생각해준다는 사실을 알고, 세계 최고의 기획회사가 될 수 있다는
예감이 들어 기뻤다.

2007년 11월

매일 청바지를 입는 이유

1983년 츠타야를 오픈했을 당시의 유니폼은
각자 갖고 있는 청바지 착용,
회사에서 만든 명찰 달기,
회사가 지급한 흰색 컨버스 착용, 이 세 가지뿐이었다.

명찰은 고객이 이름을 기억할 수 있도록,
청바지와 컨버스 신발은 작업하기 쉽도록 하기 위함이었다.

기획회사로 출범한 후에도 유니폼은 만들지 않았다.
넥타이나 슈트 착용도 의무가 아니었다.

이유는
기획을 하는 데 필요한 경쟁점 조사나,
다양한 매장에 손님으로서 가보며 고객의 눈높이에서 정보 수집을 하는 데
방해가 되었기 때문이다.

전원이 같은 옷을 입는 목적은
작업 효율을 높이기 위함이라 생각하지만,
한 사람 한 사람이 '주체적으로' 정보를 모아
기획을 하는 일에는 어울리지 않는다.

한편 츠타야도 300점포가 넘을 때까지 출점을 한 결과,
다양한 것들을 알게 되었다.

가장 효율이 좋은 평수와 회원 수
그리고 매출 잠재력은
입지가 비슷하면 비슷하다는 것을.

그 수치를 입지 타입별 '표준치'로서

몇 해 전에 정리했다.
그리고 그 성공 사례를 기반으로 원 패턴 출점을 해왔다.

하지만 표준치의 수치는 어느 한 시대에 들어맞는 숫자이지
영구불변이 아니다.
그런데 영구불변이라고 착각해버린다.

기획은 기본적으로 고객을 위해 존재하기 때문에
고객의 환경이 바뀌면 기획도 바뀌어야만 한다.

수년 전에 정한 차세대 츠타야의 모델도
앞으로 어떤 모습이어야 할지 고민할 상황에 처했다고 생각한다.

항상 고객을 이해하고 끊임없이 기획을 해나가는 것이
'기획회사'의 사명이다.

상장회사가 되어 주가도 순조롭고,
이익도 매해 과거 최고를 갱신하고,
사무실도 멋진 장소에 갖추게 되었지만
기획회사의 사명은 변하지 않는다.

마스다는 기획맨으로서 지금도
경쟁점이나 츠타야 그리고
고객이 자주 가는 화제의 매장에 드나들고,
카페에서 기획서를 쓰기 위해
58세가 된 지금도
청바지와 스니커즈로 거리를 활보하고 있다.

2009년 2월

츠루타 씨를 향한 마음의 조문

"이 사람 츠타야 사장입니다."

츠루타 씨가 세상을 뜨기 엿새 전인 12월 21일
입원하신 병원에 병문안을 갔을 때
담당 간호사에게 마스다를 소개해주었던 이 말이
마스다에는 츠루타 씨의 마지막 말이 되었습니다.

츠루타 씨와의 첫 만남은 25년 전으로 거슬러갑니다.
이타바시에 닛판 상품 개발부가 있었던 시절,
그 부장이 츠루타 씨였습니다.

만나게 된 계기는
간사이의 CCC 가맹점과
닛판의 매장 배팅 때문이었습니다.

츠루타 씨는
왜 CCC 매장에는 손님이 많은데, 닛판이 지원하는 매장에는
손님이 적으냐고 하셨지요.

그곳에서 츠루타 씨는 직접 CCC에 연락을 주셔서
도쿄 이타바시 사무실에서 만나게 되었습니다.

당시의 상품 개발부는 사무실이 상품으로 넘쳐나
복도 의자에서 둘이 이야기를 나눴습니다.
마스다는 미래의 서점의 모습과,
비디오와 책의 역할에 관해 열변을 토하며

그 시장이 너무 커서 도저히 CCC만으로는
대응하기 어려우니 함께하고 싶다고
솔직하게 이야기했더니,
그 자리에서 "합시다"라고 말해주셨습니다.

그리고 아마 다음 날 오차노미즈의 르느와르인가
어딘가의 찻집에서 만났지요.

만나자마자 츠루타 씨는
광고 전단지 뒷면에 절반 정도 연필로 쓴 업무 제휴 메모를 꺼내어
나머지는 마스다 군이 쓰라고 했습니다.

곧장 오사카로 돌아가 계약서 다음 부분을 워드로 작성하여
도쿄에 갖고 가니 바로 도장을 받아오겠다며
그 길로 도장을 찍은 계약서를 갖고 오셨습니다.

미묘한 밀당이나 교섭은 일절 없었습니다.

의무 제휴 후 바로 닛판 거래처 모임인
닛판 간담회에서 강연을 하게 되어
둘이서 전국 지사를 돌아다녔습니다.

지사에서는
당시 닛판 사내에서 별로 유명하지 않았던 츠루타 씨가 일을 끝낸 후
지사 분들과 함께 식당이나 사무실에 모여
간사이 사투리를 쓰는 젊은이의 이야기를 들어주었습니다.

각 지사의 거래처 분들은 당시 대부분 서점 운영자로,
CCC와 상품 개발부의 이야기를 듣고서

복합서점으로 하면 당연히 비디오 매장을 만들기 위해 책 매장이 축소되고
책의 반품이 발생하여 지사의 매출은 감소한다고 했습니다.

하지만 츠루타 씨는 비디오의 본질을
"비디오는 책과 같고, 새로운 미디어에 불과하다"며
이해시켰습니다.

책의 매출 감소를 걱정할 게 아니라
고객에게 기쁨을 주고
서점의 수익을 개선할 바에야 제대로 해보자고
당시 MPD(CCC그룹 중개 회사) 사장인 요시카와 씨를 비롯한
상품 개발부 분들과 합숙까지 하며
새로운 시장을 어떻게 개발할 것인가,
이제 막 생긴 CCC와 대형 회사인 닛판과의 신뢰 관계는
어떻게 구축할 것인가에 관해
고심하셨습니다.

처음 만났을 때
상품 개발부장 츠루타 씨가 한 말 중 기억에 남는 것은
"상품 개발부장의 일은 오로지 거절하는 것이다"입니다.

상품 개발부에는
새로운 상품의 제안이 많이 들어오지만
이것들을 서점 전부에 둘 수는 없으니
거절하는 것이 일이라고 하셨지요.

항상 고객과 거래처인 서점을 우선하고
최선의 방안을 찾아 한 치의 타협도 없이
진지하게 밤낮으로 고민하셨습니다.

그리고 어떻게 하면 다음 사람에게 바통 터치를 할 수 있을까 고민하셨지요.
저도 CCC 인사 상담을 자주 했었지만
츠루타 씨도 인사에 관해 의견을 물으셨습니다.

등산이 취미로
병원 문턱도 간 적이 없었던 츠루타 씨.

은퇴하면 함께 놀러 다니자고
늘 말씀하셨는데
이렇게 황망하게 먼저 가시리라고는 생각도 못했습니다.

츠루타 씨는 고고한 분이셨습니다.

권력이나 편법에 굴하지 않는 츠루타 씨에게
일이라기보다는
남자의 삶을 배웠습니다.
마스다는 항상 자신의 삶의 방식과 일의 방식을
츠루타 씨의 삶의 방식과 일의 방식에 비교하며
살아왔습니다.

"적의 군세가 크다.
그렇기는 하지만 한 치의 의기도 양보해서는 안 된다."

시장과 회사가 커지는 과정에서 츠루타 씨가
해주신 말입니다.

츠루타 씨의 말, 삶의 방식, 은혜, 추억은
여전히 마스다의 마음속에 남아 있습니다.

그런 의미에서 츠루타 씨와는 앞으로도 함께,
츠루타 씨의 몫까지 세상을 위해 열심히 노력하겠습니다.

남겨진 닛판 여러분과 가맹 기업 여러분.
그리고 신세를 졌던 CCC 멤버와 함께.

삼가 명복을 빕니다.

2010년 1월

생전의 츠루타 씨와

273

의존과 공존

츠타야 임원 회의 조례에서 마스다는
츠타야 사업에서
프랜차이즈 본부와 가맹점과의 관계성에 대해 이야기했다.
경영이 잘 되는 가맹점은
CCC를 잘 이용하고 있는 경우가 많다.
한편 문제가 있다고 생각되는 츠타야의 오너는
본부에 경영을 '의존'하고 있는 경우가 많다.
자기 매장의 문제는 제쳐두고
본부에 이런저런 요구를 할 때가 많은 것이다.
본부와 가맹점은 경영이 별개여서
가맹점이 아무리 돈을 벌어도
CCC는 로열티 이상을 청구하지 않고
반대로 CCC의 경영이 힘들어져도
가맹점에 손을 벌리지 않는다.
서로가 독립된 경영체로
각각의 가치와 역할을 서로 활용하여
공존하는 관계다.
그런 각오 없이는 진정한 의미에서
고객 중심이 될 수 없다.
사원이나 주주에게도
눈길이 미치지 않는다.

회사에서의 인간관계도 그와 같아서
마스다와 일하는 사람은 두 부류로 나뉜다.
마스다의 지식과 경험과 정보를
잘 끌어내어 일을 진행하는 경영 간부와
마스다에게 뭐든 승인을 받고(책임 전가를 하고)
일을 진행하려는 간부로.

한 사람, 한 사람이 자신의 역할을 인식하고
책임감 있게 판단하는 것이 전제가 되지 않으면,
마스다와 일하는 사람은
무심코 마스다에게 책임을 전부 떠넘기고
자신의 책임을 방임해버린다.
새로운 기획을 만들어내고
여러 사람의 힘을 빌려 구현하는 일은
다양한 재능을 가진 사람들과의 팀워크로 실현된다.
그런 우수한 힘이 있는 사람들이
함께 일하고 싶어 하는,
함께 일하는 것을 실현시키는 힘이야말로
진정한 의미에서의 '자유'가 아닐까.

가맹점과의 관계도
그런 의미에서 자립을 기반으로 한
'자유'가 되어야만 한다고 생각한다.

2014년 2월

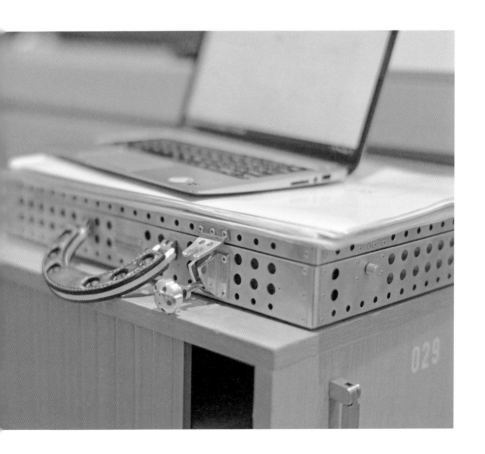

자유,
당연한 것을 고집해온 결과

CCC가 창업 이래 중요시해온 가치관.
'약속과 감사'
그리고 '자유'
CCC에서 자유는
하고 싶은 일을 할 수 있고,
그만두려고 생각한 일은 그만둘 수 있다는 사고방식이다.

예를 들면 만나고 싶어 했던 사람과 만나거나
하고 싶어 했던 일을 할 수 있는 것.

절대 제멋대로인 복장에
아무 일도 하지 않으면서 급여를 받으려고 하는
자유가 아니다.

그제 밤에는 아오바다이의 게스트하우스에
아티스트가 와서
피곤함에도 불구하고
스가누마 군들과 한껏 흥이 올랐다.
듣자하니 전날 츠타록(츠타야 로큰롤 캠페인)이 부활하여
그쪽도 상당히 흥이 올랐다고
구마타니 군이 전했다.

어제는 일어나자마자
모 유명 부동산 회사의 사장 및 경영자 분들에게 의뢰받은
대형 상업 공간의 기획 제안.
오후 업무 시작과 함께 얼마 전 서비스를 개시한
모 회사 사장과 인사.

그 후,
최근 다양한 컬래버레이션을 기획하고 있는
아주 유명한 해외 가전회사의
일본 사장과 기획회의.
다음은 다시
T포인트 제휴 업체의
새 사장과 인사.

저녁에는
다케다 군과 재무 담당 직원과 함께
연 1회 정기모임인 증권회사와의 회견.
하루에 이렇게 많은 사람들과 만나 이야기하는 것은
스케줄상으로도 힘들지만, 얻는 것은 어마어마하다.

가전회사 사장은
이전부터 마스다가 언젠간 만나보고 싶었던 사람이다.
그런 사람과 그냥 만나는 것이 아니라,
함께 일을 할 수 있다는 사실에 놀라움과 동시에
하고 싶은 일을 할 수 있는 '자유'의 크기가
굉장히 커졌음에 감개무량했다.

그러한 '자유'가
주어진 배경은
역시 기존 고객과
약속한 것은 지키고
신세진 것은 잊어버리지 않는
당연한 것들을 고집해온 결과라고 생각한다.
진짜 '자유'와 '신용'이란

당연한 것을
철저히 하는 집념을 가진 노력 위에
성립하는 것이라 생각하는데,
CCC에서 일하는 사원의 어느 정도가
그것을 알아줄까.

2014년 4월

좋은가, 나쁜가,
깨끗한가, 깨끗하지 않은가

어느 날, 텔레비전을 보고 있는데
쿠바의 한 거리 풍경이 비치고 있었다.
우리의 감각으로는
절대 깨끗하다고 말할 수 없는 길목이지만
쿠바에서는 그곳이 멋진 장소다.

이전에 이탈리아 나폴리에 갔을 때

편의점이 전혀 보이지 않아
동네 사람에게 편의점이 없어
불편하지 않느냐고 물었더니
편의점이 있는 생활을 모르기 때문에
아무도 불편함을 모른다고 했다.
문득 맥클라렌의 공장이 떠올랐다.

맥클라렌은 F1 레이스 등에서
유명한 자동차 회사.
그들의 공장은 실크 셔츠를 떨어뜨려도
먼지가 묻지 않는 것을 기준으로
청소를 한다.
왜냐하면 정밀한 레이싱카를 만드는 곳에
먼지가 있어서는 안 된다고 생각하기 때문이다.
한편 쿠바의 거리에서 생활하는 사람은

훨씬 이전에는
지금보다 비위생적인 환경에서
생활을 했는데
그에 비하면 낙원이라며
행복해한다.
결국 사람들이 생각하는 깨끗함이나 청결함
정리정돈은 저마다 기준이 다르다.

마스다는
세계 최고의 기획회사를 목표로 하고 있어

프레젠테이션 할 자료에 관해
프로젝트의 조도와 초점,
음을 사용할 때는 그 음의 크기 등에
세심한 주의를 기울인다.
왜냐하면
'세계 최고'의 프레젠테이션을 하고 싶어서다.

하지만 그런 의식이 없는 사람은
마스다가 주의를 줘도
왜 프로젝트의 조도와 초점에 까다롭게 굴고
화를 내는지 몰라 매번 똑같은 일을 반복한다.
결국 기준이란,
개인이나 팀 그리고 회사가 지향하는 방향에 따라
정해지는 것이라고 생각한다.
이것이야말로 회사의 가치가 아닐까.

2014년 5월

미지와의 조우

사람에게는 향상심이 있다.
일본인은 노력하는 것도 좋아한다.

하지만 전략적으로
자신의 성장을 준비하는 고민이 빠져 있다.

제아무리 열심인 사람이라도
사람인 이상 모르는 것은 있다.

알면 자신의 지식이 되지만
모르면 그대로다.

마스다의 인맥도 처음에는 전혀 모르는 사람뿐이었다.

저절로 생긴 인맥은 거의 없고
누구한테 소개받아 알게 되었거나
파티 등에서 우연찮게 만난 사람이 대부분이다.

즉,
자신의 노력 없이 인맥은 불가능하다.

이번 주 월요일은
어떤 사람의 취임 파티에 참석했다.

그곳에서 많은 국회의원과
유명인사들을 소개받았다.

그리고 화요일에는 한 상장회사의 이사회.
마스다는 몇몇 회사의 사외이사와
몇몇 비상장회사의 사외이사를 맡고 있다.

내가 사장으로 경영에 참여하는 것이 아니기 때문에
말 그대로 '사외' 입장에서의 참가다.

회사의 성장이나 업적에 관해
책임을 갖는 임원으로서
회사에 공헌하는 것이 본분이지만
배울 점도 많다.

이는 전혀 모르는 것을
알 기회가 된다.

사내에서 주어진 미션을
달성해야 할 생각을 하면

사외이사를 맡거나
타사 사장의 취임 파티에 가는 것은
얼핏 쓸데없는 일처럼 보이겠지만,

사실은
모르는 것을 알 수 있다는 점에 관해서는
가장 효율적인 방법이다.

그리고 그것은
나의 미션을 완수하기 위한
가장 필요한 정보가 되기도 한다.

미지와의 조우가 없으면
나의 성장도, 회사의 성장도 없다.

그래서 세계 최고의 기획회사를 목표로 한다.

CCC의 행동규범에도 이런 말이 있다.
"회사에 있지 마라, 세상 속에 있어라."

2014년 10월

미지와의 조우가 가능한 회사

신입사원에게는
CCC에서 하는 일의 대부분이 미지와의 조우다.

회사의 규범과 경영 체험,
매장에서의 접객과 아르바이트생 지도,
상품 발주와 재고관리,
회의 참석, 보고서 작성,
데이터베이스 엑세스, 기획서 작성,
출근부 입력 등.

하지만
매일이 미지와의 조우였던 날들도

한 달만 지나면
모두 알고 있는 것의 범주에 들어간다.

미지와의 조우는 끝났음을 고한다.
거기에서 자만심이 싹튼다.

혹은 더 다양한 것을 알고 싶어
모든 것에 흥미가 솟는다.

마스다 본인의 경험으로 말하자면,

젊은 시절부터 기획은 잘하지만
매니지먼트 일에는 맞지 않는다고

생각했었다.

그런데 어느 시기에
매니지먼트 일을 맡게 되자
의외로 나에게 리더십이 있음을 깨달았다(?).

그런 경험을 바탕으로,
다양한 직종을 사원들이 경험할 수 있도록
다양한 사업을 전개하고,
젊을 때 한 번쯤은 사장을 해보는 것이
일 잘하는 사람이 되는 지름길이라며
일찌감치 사업을 분사화 했다.

다양한 일을 회사에서 할 수 있는 것도
다양한 사람을 만나는 것도
미지와의 조우.

많은 미지와의 조우가 생기도록
다양한 사업에도 기획회사로서 몸담아왔다.

그런 미지와의 조우가 가능한 회사야말로
선택의 폭이 넓은
자유로운 회사가 되는 길이라 생각하여

세계 최고의 기획맨이 되기 위해 필요한 경험을
가능한 한 그룹 내에서 실현할 수 있도록 했다.

CCC에서 일하는 것이
사원에게는 언제까지나 '미지와의 조우'이자
즐거운 인생이기를.

한 적이 없는 일로 돈을 받는 것은
항상 무척 힘들고 고통이 따르겠지만,

복서가 승리의 샴페인을 들기 위해
혹독한 연습을 하는 것을 생각하면 그리 특별할 것도 없다(?).

2014년 10월

정리정돈의 중요성

정리란 필요 없는 것을 버리는 것.

필요 없는 자료나 필요 없는 책이 있으면
필요한 정보를 바로 꺼낼 수 없다.

사무실도 어수선해져
기분 좋게 일할 수 없다.

이런 것은 사실
누구나 당연히 알고 있는 일.

하지만 실행에 옮기기가 어렵다.

왜냐하면
너덜너덜한 편지나 잡지 같은
얼핏 쓰레기로 보이는 것도

회사에 무척 중요한 자료이거나
누군가에게는 보물 같은 편지일 수 있으니까.

그래서 사무실 정리는
웬만해선 아르바이트생이나 일반사원은 할 수 없다.

중요한지 어떤지 판단할 수 없기 때문이다.

정리정돈은
리더가 함께해야만 가능하다.

그런데 정리정돈을 가장 아랫사람에게 맡기니까

중요한 것이 버려지거나
괜히 버렸다가 혼날까봐
아예 손대지 못하는 일이 생긴다.

정돈도 마찬가지다.

필요한 것을 바로 꺼낼 수 있도록 하면 된다고
누구나 알고는 있다.

하지만 필요한 정보의 범위를 알지 못하면
어떤 분야의 정보를 모아서
정돈해야 할지 알지 못한다.

그래서 일단 똑같은 정보를
여러 사람이 보관한다.

서적이나 잡지도 마찬가지로
다양한 섹션으로 흩어져 있다.
누군가가 필요한 정보를 규정하여
그 분류 방법을 정한 다음
역할 분담을 하지 않으면
바로 정보를 꺼낼 수 없다.

사장실에서는
구독할 잡지를 정하고 둘 곳도 정한 후

그 관리를 누가 할 것인가까지 정해두었다.
사무실 공간이 산뜻하도록
각각의 공간도 담당자를 정하여
그 사람의 판단에 맡기고 있다.

그 결과, 청소도 빈틈이 없고
필요한 것을 필요할 때 바로 꺼낼 수 있게 되었다.

하지만 기획을 위한 데이터 관리는
일단 보관하는 수준에 머물고 있어,
필요할 때 바로 꺼낼 수 있도록 현재 기획 중이다.

조직의 리더가
일하기 쉬운 환경을 만들고자 하는 생각은
'집념'의 문제와 직결된다.

꿈은 반드시 이뤄진다는 꿈에
일하기 쉬운 사무실이 들어가 있는가?

2014년 11월

회사에 있지 마라,
세상 속에 있어라

최근 회의에서 마스다는
항상 버럭 모드?

이유는 뭔가 새로운 기획을,
'이렇게 하자'고 하는 생산적인 회의가 아니라

발표자가 이러저러한 것을
구구절절 이야기하거나,

현장 책임자가 이 일은 해도 되겠냐며
승인을 받으러 오는 등

다들 마스다를 꼬드겨 공범으로 만들려 하기 때문이다.

정보 공유라면 사전에
자료를 보내주는 것으로 충분하다.

기획회사의 회의는

다양한 경험을 가진 사람이 모여
더 좋은 방안을 찾아
함께 아이디어를 내는 회의가 이상적이다.

그러려면 다양한 사람의 의견을 들어야 하고
발표자의 발표는 짧으면 짧을수록 좋다.

지난주 후타코타마가와의 어드바이저 리포트도
CCC의 발표는 최대한 적게 하고

모두의 의견을 끌어내는 데 주력했다.

토요일은 누구나 알고 있는
회사의 사장과 골프를 친 후
쇼난 티사이트 현장으로 향했다.

일요일은 해외 유명 브랜드 가구 회사 관계자와
차를 마시고

트레이닝을 겸하여
롯폰기 힐스와 마스다가 애용하는 백화점이
주최하는 고객 대상 이벤트에 참가했다.

밤에는 만두 전문점 오쇼에서 밥을 먹었는데,
회사에서는 절대 얻을 수 없는
현장 정보를 얻을 수 있었다.

지금 영업하고 있는 회사의 상황이나
담당자의 성격이나 신념 등을.

기획회사가 하는 기획은

신규사업과 관련한 기획이 많고,
신규사업이란
새로운 시장과 새로운 상품, 새로운 기획에 의해
사업화한 것으로

고객과 상품을

알지 못하면 불가능하다.

회사에 있는 정보 같은 데서
기획이 생겨날 리 없다.

그래서 "세상에 있으라"고 한 것이다.

2014년 11월

고맙다는 말을
들을 수 있는 일을 한다

일의 두 가지 측면.

상품이 팔리지 않으면 먹고살 수 없다.
그래서 영업맨은 필사적으로 상품을 팔려고 한다.

또 한 가지 측면은
그 상품이 없으면 살아갈 수 없다.

혹은 그 상품이 없으면 인생이 즐겁지 않다는 이유로

고객은 상품을 산다.

그 결과, 사원은 살아갈 수 있고
고객도 행복해질 수 있다.

장사의 본질은
그런 상호이익 관계다.

그래서 마스다는
식당에서 밥을 먹었을 때

반드시 "잘 먹었습니다"라고 인사한다.

서비스를 받았을 때, 가령
택시에서 내릴 때도 고맙다는 인사말을 전한다.

돈을 지불했으니 당연하다는 생각은 갖지 않으려 한다.

그러나

자금 조달이 원활하지 않거나
그것을 팔지 못하면 예산을 확보하지 못하는
상황에 처하면
고객을 생각하지 않고
상품을 팔려고 한다.

어떤 수단을 써서라도 상품을 판다.

그것을 산 고객은 당연히 행복해질 수 없어
두 번 다시 그 사람에게 사려고 하지 않는다.

CCC는 고객에게 도움이 되는 상품을 팔고 싶다.

그렇게 고객이 CCC의 팬이 된다면
다음 상품도 사줄 것이다.

상품을 판다는 것은
고객을 행복하게 하는 동시에
CCC의 팬을 만드는 행위이기도 하다.

팬이 되어준다면
다음 상품도 팔기 쉽다.

그래서 고맙다는 말을 들을 수 있는 일을 하고 싶다.

그런 노력을 아끼지 않으면
결과적으로 회사도 돈을 벌고 인재도 키우게 된다.

고객의 희생을 딛고서는
회사의 성장도, 개인의 성장도 없다.

고객의 "고맙다"는 한 마디가 회사의 재산이다.

2014년 11월

나쁜 소식을 먼저

마스다와 함께 일하는 사원이
종종 착각하는 것.

마스다의 가치관이나 업무 방식을
이해하지 못해 어떤 사원이든
처음에는 마스다의 동태나 안색을 살핀다.

사실 그런 것은
어쩔 수 없으니 별로 신경 쓰지 않는다.

여간해서는
마스다의 업무 방식이나 가치관의 본질을
파악할 수 없기 때문에
서서히 이해해주기를 바라고 있다.

마스다가 함께 일하는 사원에게 화를 내는 것은

나쁜 소식을 숨기고 있거나
중요한 정보를 공유하지 않을 때다.

받은 정보를 자기 나름대로 음미하거나 이해할 때까지
수중에 두고 싶어 하는 사원이 있으면
주위 사람은 그동안 생각할 시간을 빼앗긴다.

항상 주위 사람이 일하기 쉽도록 한다는
생각을 가진다면
나쁜 소식은 가장 먼저 전할 것이고
좋은 정보는 즉시 공유할 것이다.

그것이 불가능한 이유는
자기 생각밖에 하지 않기 때문이다.

나쁜 소식을 먼저 전할 수 있는 사람은
의외로 적다.

2014년 12월

원인을 만든다

매출을 올리려고 해도 오르지 않는다.
돈을 더 벌려고 해도 벌리지 않는다.

골프와 닮아 있다.
골프는 공을 높이 올리려면
내리쳐야 한다.

멀리 날리려면
힘을 빼야 한다.

결과는 원인에 의해 생겨난다.
결과를 구해도 결과는 생겨나지 않는다.

고객의 이름을 기억했다가
고객이 방문했을 때 이름으로 반기면
고객은 기뻐한다.

원하는 물건이 있으면
고객은 산다.

가고 싶은 매장을 만들면
고객은 온다.

이런 것을 하지 않고
매출을 올리려 하거나
이익을 내려고 해서는 안 된다.

이런 단순한 것을
사람들은 무심코 잊어버린다.

발밑에는 숱한 헛됨이 있는데
그 헛됨을 없애려 하지 않고 돈만 벌려고 한다.

헛됨을 없애면 이익은 저절로 따르는 법인데.

마스다는
아침에 사무실에 출근할 때
매번 매장을 지나
만면에 웃음을 머금고 "좋은 아침" 하고 밝은 소리로 매장 직원에게 인사한다.

인사를 받은 사람이
종일 기분 좋게 일할 수 있도록.

그런 기분이 들어야
비로소 매장을 찾는 고객에게도
좋은 접객을 할 수 있을 테니까.

그런 원인을 만들어야
비로소 매장은 번창할 테니까.

2015년 5월

좋은 결단을 내리는 일

지지난 주 홍보실로부터
NHK방송 프로그램에 출연해줬으면 하는
연락을 받았을 때 생각한 것.

NHK에 나갈 수 있다면
확실히 회사 홍보는 되겠지만,

홍보가 된다는 의미를
뒤집어보면

자칫했다가는
회사 이미지에 흠집을 내고
회사와 거래처 일에 영향을 끼칠 리스크도 있다.

시부야의 하치코 동상 앞에 매장을 만들 때도
입지가 워낙 뛰어나니
좋은 매장만 만들면
확실히 츠타야의 브랜드 이미지는 오를 것이고,

반대로 좋은 매장을 만들지 못하면
츠타야의 이미지는 떨어질 리스크가 있었다.

그럴 때
할지 말지를 정하는 것은
계산으로는 판단할 수 없다.

계산해도 답은 나오지 않는다.

어떤 방송이 될지 도무지 알 수 없다.

결국 '해보자' 라고 대담하게 나갔다.

나를 믿고서.

대충 일하지 않고
열심히 일해왔기에
설령 이상한 방송이 되어도 하는 수 없다.

만일 그렇게 되더라도
츠타야의 가맹 기업은
이해해줄 게 틀림없다(?).

동기가 옳은가.
나를 믿을 수 있는가.

옳은 일을 열심히 하여
결과가 나쁘다면 어쩔 수 없다.

사람의 결단은
그런 식으로 동기의 정당성,

성심성의, 노력,
자신에 대한 믿음 같은 것으로
내리게 될 때가 많다.

오늘도 많은 회의에 나와 있으니
돈을 번다거나, 회사 이미지를 올린다거나,
사람을 키운다거나 하는,

뭔가를 계산하고 결정해야 할 일이 많지만

진짜 결단이란
답이 없고 계산도 없다.

도무지 알 수 없는 세계.

그러고 보니 결혼도 그랬다.
자신을 믿는 수밖에.

자신을 믿을 수 있는가?
매일의 삶의 방식에
좋은 결단을 내릴 수 있는 답이 있다.

2015년 6월

선택하고 있는 것 같아도
실은 선택당하고 있다

신입사원 채용 면접을
마스다가 직접 하던 시절에 생각했던 것.

신입사원의 면접이란,
회사에 들어오고 싶어 하는 사람을
대단한 사람이 뽑는다고 생각하기 쉽지만
실은 반대다.

신입사원은 여러 회사를 방문하여
자신의 인생을 걸 회사를 고르고 있다.

회사가 선택을 하는 것처럼 보여도
실은 선택을 당하고 있다.

선택을 당하는 회사가 아니면
좋은 사람은 들어오지 않는다.

단순히 안정적인 생활을 위해
취업을 하려는 사람은 들어오지 않기 바란다.

오늘도 한 프로젝트에서
디자이너를 뽑자는 이야기가 있었다.

분명 지금 CCC가 프로젝트를 한다고 하면
다양한 디자이너들이 응모를 할 것이다.

디자이너에게는 좋은 기회가 될 거라며,
다이칸야마와 후타코타마가와 매장을 보고
멋대로 상상을 펼친다.

하지만
잘나가는 디자이너는 바빠서,
그들이야말로 회사나 클라이언트를 고르고 있다.

따라서 그들에게 선택당할 만한
제의 방식이나 공모 준비가 필요한데

어떤 디자이너를 뽑을지
디자이너의 역량을 비교하다가
회의는 끝나버린다.

반드시 우수한 사람이나 훌륭한 디자이너에게
선택받는 회사가 되어야 하는데.

오늘 점심에 음악 비즈니스에 관한
조언을 받고자
유명 아티스트의 소속사 사장,
음반 회사 사장,
정말 유명한 음악 프로듀서 분들에게
모임을 청했다.

음악의 미래에 관해 의논하고 싶다고 했더니
한 분도 빠짐없이 참석해주었다.

이것도 그들에게 선택받은 결과다.

CCC에 매력이 없다면
아무도 돈벌이가 되지 않을 법한
회의에 나와주지 않는다.

선택받는 노력.
즉시 진심을 담아
오늘 참석해준 분들에게 감사 편지를 썼다.

2015년 7월

신뢰받고 싶은 마음

신뢰받으려고
노력한다는 사람이 종종 있다.

신뢰받기 위한
매뉴얼적인 기사도 종종 눈에 띈다.

하지만
신뢰받고 싶어 하는 마음 어딘가에 숨어 있는
에고가 보이는 순간,

신뢰란 무엇인가?
생각하게 된다.

신뢰받는다는 것은
인생에서 무척 중요하다고 생각하는 한편,
신뢰받으려고 노력하는 마음 어딘가에
신뢰받아 달성할 목표점이 에고라면
신뢰받는 것에 무슨 의미가 있을까 싶다.

그런 싸구려 에고의 연장선상에 있는
신뢰 따위에 가치가 있을까.

더 진지하게 살아가는 과정에서
그 자세를 높이 평가해주는 팬이 생기면서
신뢰가 쌓이거나

혹은
약속을 완수하고자 노력하는
장엄한 삶의 방식의 연장선상에서
신뢰라는 것은 존재한다.

자신의 에고를 위해
다른 사람을 끌어들인 결과로 생긴
신뢰 관계에
과연 힘이 있을까?

오래 지속될까?

문득, 신뢰에 관해 생각했다.

2015년 7월

기한의 이익을 잃지 마라

최근 사내에서도 흔히 볼 수 있는 광경.

사내에서나 사외에서나
다양한 이벤트와 점포 기획을 하려고 하지만
아무래도 담당자는 혼자서 정보를 껴안기 쉽다.

번듯한 형태로 만들어 발표하려고 하기 때문에
무슨 일이 있어도 발표 직전까지 아웃풋하지 않는다.

예를 들면,
회의 전 자료 배포나
인사 관련 이벤트 안내도
'직전'이 될 때가 많다.

그 원인은
상대를 생각하지 않기 때문이다.

상대 입장이 되면
'빨리' 이벤트나 기획 안내를 받아
생각할 시간이나 검토할 시간을 원하면서
정작 본인은 그런 배려 없이 '직전'에야 알린다.

기획을 시작하고서
관계자에게 연락하기까지 2주 동안의 시간이 있다면,
절반인 1주는 스스로 생각해도 되지만
적어도 똑같은 시간을 상대에게도 줘야 한다.

그런데 2주를 꽉 채워 혼자 정보를 껴안고 있다가
당일에 상대에게 정보를 던진다.

이러한 행동은 상대에 대한 배려가 없는 것은 물론,
자신이 아웃풋할 기획이나 이벤트의 프레젠테이션에 관해
주위 사람에게 좋은 평가를 받고 싶어 하는
에고의 결과다.

주위 사람은 '기한의 이익'을 잃고
결국 희생자가 된다.

이런 일은 사내뿐만 아니라
외부 고객과의 사이에도 일어나기 쉽다.

파티나 이벤트를 기획하여
고객을 초대하고 싶다면,

기획 내용 그 자체보다
미리 스케줄을 비워둘 수 있도록 연락을 취한 다음
기획을 하면 될 텐데
기획이 정리될 때까지 고객에게 연락을 하지 않는다.

그 결과 고객은
모처럼의 좋은 기회를
선약에 의해 잃게 되는 불이익이 발생한다.

미리 말했더라면 올 수 있었을 텐데 말이다.

이처럼 미리 말해두면
잃지 않았을 이익을
'기한의 이익'이라고 하는데,
이 기한의 이익은 항상 담당자의 에고에 의해 잃게 된다.

더 고객 중심으로 생각하는 문화를
뿌리내려야만 한다고, 매일같이 생각하는 요즘이다.

2015년 8월

고객이 말하는 것을 듣지 마라,
고객에게 도움이 되는 일을 하라

예전에 마스다 개인의 주식회사에 있던
전 사원에게서 연락이 와서

어떤 사람이 마스다를 만나고 싶어 하는데
만나줄 수 있느냐고 물었다.

듣자하니 어느 업계의
최고 기업으로 상장한 회사의 사장이란다.

괜찮겠다 싶어 만나겠다는 답장을 하고서,
혹시 T포인트에 흥미가 있냐고 물었더니
"전혀 없다"고 즉답했다.

일전에 모 경쟁회사로부터 제안을 받았는데 거절했다고 한다.

마스다는 항상
좋은 이야기일 때는 힘이 들어가지 않는다.

절체절명의 때야말로 힘이 들어간다.

영업으로 말하자면,
제안한 내용에 "NO"라는 대답을 들은 시점부터
스위치가 켜진다.

어떤 회사의 사장이든
역시 상대를 생각해서
타인의 이야기를 웃는 얼굴로 들어준다.

그것은 내용이 좋아서라기보다
상대가 불쾌하지 않도록 하려는 배려다.

그런 의미에서는, 진심이 아니다.

상대에게 "NO"라고 말할 때가 진심이다.

마스다는 여기에서
커뮤니케이션이 시작된다고 생각한다.

왜 "NO"인가?
상대에게 가치 있는 제안을
새롭게 생각할 수 없을까,

가치 있는 제안을 생각할 수 있어
그 제안 내용이 상대에게 전해진다면

답은 "YES"밖에 없지 않을까.

필사적으로 상대에게 도움이 되는 기획을 생각한다.

"NO"라는 말을 듣더라도
포기하지 않고
상대에게 도움이 되는 일을 생각한다.

CCC가 기획회사로 살아가려면
이 길밖에 없다.

상대가 말하는 것을 듣지 않고
상대에게 도움이 되는 일을 하면 될 뿐이다.

2015년 9월

약속과 감사

'약속과 감사.'

창업 이래 약속과 감사를 중요시해왔던 이유.

창업 당시에는 회사도 작고
신용이 없었기 때문에
아무도 상대해주지 않았다.

그래서 상대해줄 만한 회사가 되려고
예를 들어, 청구서가 오면 즉시 전액 지불하도록 했다.

납품 전표와 대조하면
시간이 걸리니까
청구서가 오면 일단 지불부터 했다.

그래서 집에는 늘 과지불통지가 와 있었다.

작은 거래처는
CCC가 지불을 늦추면
회사가 무너져버린다.

그러면 회사 사장은 물론
사원도 생활의 양식을 잃어 가족의 생활도 곤궁에 처한다.

그런 일이 없도록
반드시 약속한 날에 지불하는 것에 전력을 다했다.

사원의 급여도 마찬가지다.

어떠한 착오로 급여가 지연되면
사원은 이자를 내지 못하거나
빌린 돈을 갚을 수 없어
개인의 신용을 잃는다.

그 결과, 대출이 불가능해지고
신용카드를 사용할 수 없어
생활에 지장을 받는다.

그래서 급여는 절대 지연되지 않도록 해왔다.

하지만 회사가 커지고
결과적으로 신용도 생기니
여러 회사에서 거래를 하고 싶다며 줄을 선다.

CCC 사원은
발주하는 것이 일이 되니
아무도 신용을 만들 생각을 하지 않게 된다.

하지만 크든 작든
약속을 지키지 않으면 일어나는 현상은 똑같다.

사내에서는 '절차상 실수'로 정리할 수 있는 일도
상대에게는 생존에 관한 중대한 문제일 수 있다.

물론 CCC와 함께하는 회사는
경영이 절박한 상황에 처해 있거나
자금 조달로 심한 고통을 받고 있는 회사는 적기 때문에
그런 일에는 무심하지만.

신용을 만드는 데는 오랜 시간이 걸리지만
잃는 것은 한순간이다.

마스다가 '프로페셔널' 프로그램에
출연한 이유는,

그런 신용을 만들고자 노력한 결과
신용이 생긴 것인 만큼
신용이라는 것을 만들려는 문화가 없어지면
정말로 신용은 사라진다.

회사의 크기는 상관없다.

그곳에서 일하는 사람의 사고방식이
무엇보다 중요하다는 것을
전하고 싶어서였다.

앞으로도
CCC가 신용 있는 회사로 있기를.

2015년 11월

시선

일상 기획자로 살아간다는 것

PART
05

335

아버지 기일

지난주 금요일은 히라카타의 본가에 갔는데,
토요일이 '아버지의 기일(17주기)'이었다.

아버지는 17년 전 5월 17일에 심근경색으로
68세의 생을 마감했다.
그때 마스다는 통산성 회의 차 도쿄에 있었는데
회의 중 통산성 직원에게 전화가 왔다는 연락을 받고 나왔을 때
아버지는 이미 구급차로 옮겨진 후였다.
갑자기 머릿속이 하얘졌지만
신칸센을 타고 히라카타로 향했다.
신칸센 안에서는 자리에 앉아 있을 수가 없어
연결 부분에 서서 창 너머로 지나치는 풍경을 바라보고 있었다.
젊고 무서웠던 시절의 아버지,
츠타야를 시작했을 무렵의 자상한 아버지,
다양한 아버지가
주마등처럼 머릿속을 스쳐 눈물이 멈추지 않았다.

이 혼란 속에 '가족은 어떤 식으로 대처하고 있을까?'
'어머니는 괜찮을까?'
'병원 수배는 잘 되어 있을까?' 하는 걱정과,

이럴 때
내가 열차 안에 있어 가족에게 도움을 줄 수 없다는 분함에
다시 울기 시작했다(이 글을 쓰는 지금도 눈물이 난다).

장례식은 고향의 '히라카타회관'에서
많은 CCC 직원들의 도움으로 치렀는데,
츠타야의 가맹 기업을 중심으로 한
1,000명이 넘는 조문객의 수가, 히라카타회관이 문을 연 이래 최고라는 말에
왠지 긍지를 느끼기도 했다.

그런 17년 전의 일을 떠올리며
지난 주말은 히라카타에 갔다.
기일 당일은
오전 11시부터 아버지와 어머니의 가족과 친척들이
오랜만에 스무 명 이상이나 모였다.

마스다는 예전부터 항상 '제사'라는 일본의 풍습과 제도가
참 잘 생겼다는 생각을 했다.
사람이 죽으면
츠야(장례식장에서 고인을 기리며 밤을 새는 것), 장례식, 초칠일, 49제,
1주기, 3주기, 7주기, 13주기,
그리고 이번 17주기에 고인을 추모하는 관습이 있다.
기일에 한하지 않고
마스다의 어머니 쪽 친척은 '추석과 설'에도 반드시 본가에 모인다.

한편, 아버지 쪽은 제도를 그리 중시하지 않는 '자유형'으로
그때그때 되는 대로 모인다.
아무튼 제사에 한하지 않고 결혼식이나 일본의 오래된 관습은
피로 이어진 가족과 친척이 '사이좋게 살아가는 제도'라고 생각한다.

이런 일이 없으면 친척이 모일 기회도 적어
인간관계도 저절로 소원해진다.

마스다의 경우,
어릴 때 여러 친척 아저씨나
할머니의 삶의 방식을 자연스럽게 보고 자라
'저렇게 살고 싶다' 혹은 '저렇게 살고 싶지 않다'고 하는
삶의 방식의 모델로서 친척들을 무의식중에 보고 있었다.
지금, 마스다도 56세가 되어
조카들이 본 아저씨 마스다가
그들의 삶의 방식에 참고가 될 수 있으면 좋겠다 싶어
의도적으로 그들과 접촉할 기회를 만들고 있다.
그것이 56세 마스다의 책임이라고 생각하기 때문이다.

2007년 5월

닛판과 CCC

아침 8시 30분부터 츠타야의 정례회의 후
10시부터 12시까지 CCC 경영회의가 있었다.
오늘 경영회의에서는 중요한 의사결정 몇 가지와
'CCC(주식회사)의 자세'에 관해
의미 있는 논의를 할 수 있었다.
즉 '상장한 주식회사'와
'세계 최고의 기획회사를 목표로 하는 주식회사'의 자세에 관해
논의할 수 있었다.

그 후, 사업추진실과 사장실 멤버와
잡담을 하면서 점심을 들고
MKS(마케팅 솔루션) 그룹의 미래에 관해
브레인스토밍을 했다.

오후 2시부터는 스이도바시의 도쿄돔호텔에서 열린
닛판 간담회(츠타야에서 말하는 TOC)에
닛판의 임원으로 참석하고 왔다.
서두에 후루야 사장이 인사를 하고, 그 후
닛판의 물류전략 '오지 넥스트'와
서점 지원인 CRM시스템(Honya Club)에 관해
각각의 담당자로부터 설명이 있었다.

참석자는 일본 유력 서점의 사장들과
(츠타야의 가맹 기업도 많이 볼 수 있었다)
일본을 대표하는 출판사의 사장들로
이런 분들에게
닛판의 중기 전략을 이야기하게 되었다.
휴식 후, 이토추의 전 사장인 니와 씨의 게스트 강연,
그 후는 간담회로
TOC와 거의 같은 구성이었다.

'닛판과 CCC의 역사'는 오래되어
아직 CCC가 츠타야로 점명을 통일하기 십수 년 전,
점포 수도 100개가 되지 않던 시절에
간사이에서 CCC가 지원했던 점포와
당시 닛판이 독자적으로 전개했던 점포가
마주보고 거의 동시에 오픈했다.
그런데 CCC가 지원한 점포에는 손님이 넘치고
닛판이 지원한 서점의 대여 코너에는 손님이
거의 없었던 모양이다.

그 상황을 본 당시의 상품 개발부장 츠루타 씨가,

어떤 회사가 뒤에 있는지 수소문한 끝에 마스다에게 연락이 닿아

마스다 혼자서

당시 닛판 상품 개발부가 있던 스이도바시로 찾아갔다.

그곳에서 마스다는 멀티 패키지가 되는 서점의 미래,

현재 츠타야의 생활 제안형 콘셉트,

그리고 CCC는 기획회사를 목표로 하고 있다는 등의 이야기를 했다.

그 이야기를 이해해준 츠루타 씨는

즉시 "닛판과 함께 일하자"며

다음 날 약속을 잡아

오차노미즈의 찻집 르느와르에서 만났다.

그때 츠루타 씨는 신문 전단지 뒤에 연필로 쓴

업무 제휴 계약서 초안을 갖고 왔었다.

제1조 등등이라고.

하지만 그 계약서는 전단지 절반 정도 부분에서 끝나 있어

츠루타 씨는 "나머지는 마스다 군이 만들라"며 일임했다.

나머지 부분을 마스다가 가필하고

이노우에 군이 당시 드물었던 워드프로세서로 작성하여 제본한 것이

오늘로 이어지는

닛판과 CCC 업무 제휴의 시작이었다.

지금으로부터 딱 20년 전인 1986년의 일이다.

콘셉트는 정보 공유 사회로의 변화 속에서,
미디어는 책만이 아닌 디지털미디어의 시대가 되리라는 것과
제공 방법도 판매만이 아닌
대여나 중고를 포함한 다양한 방법이 된다는 것이었다.
즉 문화를
더 손쉽고 편리하게 즐길 수 있는 시장이
새롭게 탄생하는 시대에
CCC는 '츠타야라는 플랫폼 기획과
그것을 서포트하는 시스템'을
닛판은 그것을 지원하는
'물류와 재무'를 담당하겠다는
'기본적인 약속'을 그때 했다.
뭐든 직접 하고 싶어 하는 기업이 많은 가운데
츠루타 씨가 그런 닛판 사내의 말들을
설득해준 덕분에 이 계약이 세상에 나왔고
오늘의 CCC는 존재한다.
그 결과, 작년 CCC에 있던 물류 회사 NSS도
닛판에게 주식의 51%를 받아서
우여곡절은 있었지만, 당초의 약속을 지킬 수 있었다.

마스다가 닛판과의 관계 중 가장 중요시했던 것은
기본적인 계약 콘셉트와 인간관계였다.
츠루타 씨는 계약 직후 중요한 경영 간부를
모두 마스다에게 소개해주었다.
또 둘이서 함께
전국 지점의 절반 이상의 중요한 현장을 직접 발로 뛰어다녔다.
앞으로 세상은 어떻게 변하는가?
그 속에서 서점은 어떻게 변해야만 하는가?
그리고 CCC는 무엇을 할 수 있고 닛판은 무엇을 해줄 수 있는가?
그런 이야기를
일이 끝난 각 지점의 식당이나 창고에서 관계자들을 모아
준비해둔 흑판에
마스다의 소매가 새하얗게 되도록 분필로 쓰고
마이크 없이 같은 이야기를 수없이 열변을 토해가며
CCC 팬을 만드는 노력을 아끼지 않았다.

그리고 츠루타 씨가 장래를 내다보고 강화한
상품 개발부의 초기 스태프들
(조금 유별난 사람이 많은 다혈질 집단?)과
CCC 간부와의 합동 합숙을 기획하여
전설의 '네리마 합숙'을 실현했다.
당시 멤버 중 한 사람이 MPD의 요시카와 사장이다.
닛판의 이벤트에서 마스다가 첫 강연을 맡았던 것은
지금으로부터 20년 전의 '닛판 간담회'였는데
그 닛판 간담회에, 오늘 마스다는 '닛판의 임원 명찰'을 달고
참석했다.
그때 마스다의 메시지는
아직 '비디오=성인'인 시대에 '비디오는 책',
CCC는 '책이 없는 키노쿠니야 서점을 만들겠다'는 것이었다.

오늘은 어젯밤의 숙취로 일찍 돌아가 쉬고 싶다.
내일은 IMJ, 기타무라 임원회의에 참석 후
저녁에는 게우스하우스에서
T포인트 제휴처 후보 기업 사장들을 대상으로
기타무라 군과 프레젠테이션이 있다.

2007년 5월

'아버지의 날' 밤

오늘은 아침부터 마늘 냄새가 진동(!?)

일요일인 어젯밤,
아들과 둘이서 근처 갈빗집인 '죠죠인'에 갔다.
히라카타의 가족으로부터 아들에게 지령이 떨어진 듯,
마스다가 좋아하는 포크 듀오인 코부쿠로의 'CD'와
(일부러 아버지를 생각해서 츠타야에서 사왔다)
'악보'를 '아버지의 날 선물'로 받았다.

최근, 마스다는 아이팟 셔플에 노래방용 악곡을 넣어
밤에 회식 장소에서 집까지 걸어오거나
집에서 트레이닝을 할 때 들으면서 연습(?)을 한다.
올해도 여름휴가로 하와이에 갈 예정인데
분명 노래를 부르게 될 것 같아
그 준비로 코부쿠로의 곡과,
이전에 넣어둔 영화배우 후지와라 노리카의 결혼식에서
코미디언 진나이가 불렀던 '영원히 함께'에 더하여
새롭게 '사쿠라'를 아들에게 셔플에 넣어달라고 할 예정이다.

마스다의 아들은
마침 츠타야를 시작한 '1983년'에 태어났다.
누나의 딸은 그 1년 반 전에.
아무튼
샐러리맨 생활을 접고 츠타야를 시작했기에 생활은 빠듯했다.
츠타야 사업을 시작할 때 빌린 빚을 갚는 데
온 힘을 쏟아부었다.
마스다가 존경하는 네야가와의 외삼촌으로부터
"빚은 사람을 거짓말쟁이로 만든다"는 말을
항상 들어왔기 때문에 얼른 빚을 청산하고 싶었다.
하지만 1호점이 성공하자
경쟁점의 출점에 대항하기 위해 또 빚을 내는 바람에,
회사는 흑자인데 회사의 성장과 맞물려
빚은 늘어만 갔다.

그런 생활의 반복 속에서
아이들을 돌볼 여유는 없었다.
니가타에 출장 갔을 때, 츠타야의 대표적 가맹 기업인 톱컬처 기요미즈 사장이
"집안을 다스리는 자가 천하를 다스린다"라는 격언을 가르쳐주었다.

지금도 마스다가 좋아하는 사람에게 써서 주는 이 말의 의미는
가족을 행복하게 하려면 '돈'이 필요하고
그러려면 독립한 경우는 '사업으로 성공하는 수밖에 없다'는 것이다.
한편, 사업의 성공은 '가족의 지원' 없이는 불가능하다.
가족을 걱정하면서 일을 할 수는 없으니까.
가족의 행복을 실현하지 않으면
사업도 성공할 수 없다.

마스다는 사업을 성공시키는 노력과 같은 정도로
가족이 안심할 수 있도록 노력해왔지만,
아이들을 돌볼 시간보다는 일을 우선했기 때문에
애정은 엄마에게 맡기고
마스다의 책임은 가족이 생활에 곤란하지 않도록 돈을 넣어주는 것과,
마스다의 아버지가 그랬듯이
중요한 타이밍에
아이들에게 '추억'을 만들어주는 것이라 생각했다.

마스다의 아버지는 어릴 적에 갖고 싶었던 롤러스케이트와
어머니가 반대한 장난감 권총도 몰래 사주셨다.
(권총을 사주셨던 분은 어머니일지도?)

고교생 시절에는 스테레오를,
대학생 시절에는 별로 넉넉하지 않았음에도
막 운전면허를 딴 대학생에게 지갑을 털어
자동차(토요타 카롤라스프린터)를 사주셨다.
마스다는 그런 아버지를 정말 좋아했다.

마스다가 철이 들고 나서의 아버지는

어떤 상담을 하든 어떤 부탁을 하든
대답은 늘 "응", "그래"였다.
어떤 경우에도
아들이 말한 것에 "NO"라고 말하지 않는 'OK 아버지'였다.

취업한 덕분에 도쿄로 집을 옮길 때도,
결혼할 때도, 회사를 그만둘 때도,
츠타야를 시작할 때도, 회사를 만들 때도, 빚을 낼 때도.
그래서
뭐든 '스스로 생각하고 스스로 결정하지 않으면 안 되는 인생'이 되었다.

그런 아버지도 68세로 세상을 떠난 지 올해로 17년이 지났고
마스다도 57세가 되었지만,
이 나이가 되어 그런 아버지를 돌이켜보니
아버지의 그늘 아래에 지금의 내가 있다는 생각이 절실하다.

나의 아이들에게도 '추억'을 만들어주려고
운동회와 부모 참관일에는 가능한 한 참석했지만,
딸의 유치원 부모 참관일에는
딸이 아빠를 바로 찾지 못해
초조했던(!?) 적도 있었다.

오늘은 아침부터 츠타야 임원회의가 있고,
오후에는 TC&M(T카드&마케팅) 경영회의와 영업회의,
그 후 마스다가 사외이사를 맡고 있는
상장회사의 이사회가 긴자에서 있고,
밤에는 사외 경영 프로들(?)과의 정기모임이 에비스에서 있다.

2007년 6월

첫 직장의
회장이 보내온 편지

오늘은 8시 30분부터 기무라 및 구사카 정례회의 후
CCC그룹 경영회의가 있었고,
그 후 점심시간에는 경영진과 브레인스토밍을 했다.

오후부터는
독데이즈 정례회의가 도쿄 미드타운에서 있었다.
보고에 따르면 CCC그룹 사원 여러분의 협력도 있어
후카사와점의 매출은 개점 이래 신기록을 세웠고
전년 대비 236%로, 점포 수익도 과거 최고가 되었다.

며칠 전에는
마스다가 샐러리맨 시절에 10년간 몸담았던
패션 주식회사 스즈야의
스즈키 회장으로부터 '편지'를 받았다.
영광스럽게도 "오랜만에 만나 식사라도 하는 게 어떤가?"라는
편지였다.

마스다가 신입사원이던 시절,
당시 하늘같은 사장인 스즈키 회장과 처음 이야기를 했던 것은
가루이자와 벨커먼즈 오픈 직후
벨커먼즈의 성공을 치하하며
구 가루이자와역의 레스토랑에서 스테이크를 얻어먹은 때였다.
너무 긴장했고
벨커먼즈에서의 격무와 당시 처음 마셔본 고가의 와인 탓에
갑자기 졸음이 쏟아져 잠들어버렸던 일(?)이 떠올랐다.

그런 스즈키 회장도 편지에 따르면 82세가 되었고,
마스다가 신세지고 있는 재계 분들에게
마스다의 소문을 듣고 연락했으리라 생각한다.

마스다는 스즈키 회장에게
스즈야에서의 경험이 오늘의 마스다를 키웠다는 감사의 마음이 가득하여
그 마음을 다이칸야마의 게스트하우스에서 갚고 싶다고 전했다.
벌써부터 준비할 마음으로 기대가 된다.
당일은 CCC 회사 안내에 겸하여
사무실에서 스즈야 출신 사원의 소개도 할까 생각 중이다.

마스다는 지금 56세지만,
당일은 23세부터 32세까지 꼬박 10년간 스즈야에서의
경험을 냉정하게 돌아볼 기회가 될 거라 생각하여,
아들과 더불어 C캐스 교육 담당자,
이번 주 마스다의 비서격인 NEO의 스가누마 군도
스케줄이 맞으면 동석시킬 생각이다.
사적인 식사 자리니까.

2007년 9월

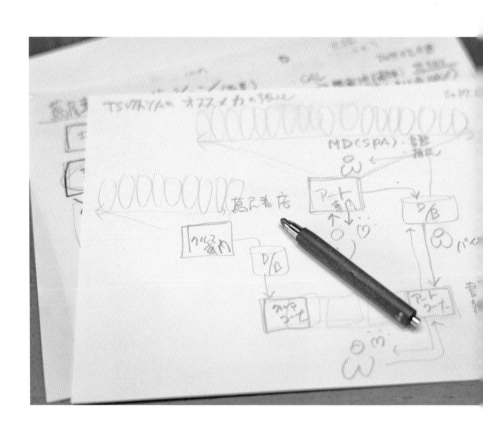

배우는 힘에 대하여

사람의 인생을 결정하는 결정적인 경험은
저마다 몇 가지는 있는 것 같다.
마스다의 경우 대학을 나와 처음 사회인이 되어 맡은,
지금도 가루이자와 구도로 한가운데 자리한 상업시설
'가루이자와 벨커먼즈'의 경험이 그것이다.

마스다가 스즈야에 신입사원으로 입사하여
신규사업 개발을 위해 새롭게 설치된 '개발사업부'로 발령을 받아
아오야마 벨커먼즈 프로젝트에서 일하고 있을 때,
가루이자와의 오너가 스즈야로
현재 벨커먼즈가 있는 장소의 재개발 의뢰를 했는데
그때 신입사원인 마스다가 임원의 지명을 받아
담당자로서 오너를 만나러 갔다.

가루이자와긴자 한가운데 있던 오너의 주택을 철거하고
국왕과 미치코 여사가 만난 가루이자와 테니스코트까지 관통하는 물건은
일사천리로 재개발 계획이 시작되어
그 기획 책임자로 마스다가 임명되었다.

이듬해, 신입사원 두 명이 개발사업부로 발령을 받아
마스다의 부하 직원이 되어, 프로젝트는 3명으로 강화되었는데
그중 한 명이 오늘, 그리운 가루이자와의
기획서를 찾아서 가지고 온 도노무라 군이다.

당시는 워드도 없어 손으로 쓴 기획서지만
삼십수 년 전 나의 자필 기획서를 보니
뭐라 형용할 수 없는 기분이었다.

또 도노무라 군으로부터 가루이자와의 오너도
"오랜만에 마스다를 만나고 싶어 한다"는 말을 전해 듣고서 기뻤다.

일전에, 어느 회사의 사장과 만났을 때
'사업 책임자의 임명 방식'에 관해 들었는데
그 사장의 선택 기준은 '학력(學力)'이라고 했다.

'학력(學力)'이란 학력(學歷)이 아닌 '배우는 힘'으로
지난주 우승한 여자 프로골퍼 우에다 모모코 씨와도
통하는 부분이 있다고 생각했다.

우에다 모모코 씨는 상금 랭킹 톱임에도
퍼트가 들어가지 않을 때는 퍼트를 잘하는 미국 선수에게 묻거나,
우승을 놓친 시합 직후에는 선배인
오카모토 준코 프로에게 지도를 받았다.
그런 식으로, 1등이어도 '배우는 자세가 있는 인품'을
그 사장은 말하고 있었을 것이다.

그런 의미에서, 아무런 경험도 없는 신입사원 2명과
입사 2년차인 마스다가
가루이자와 벨커먼즈를 탄생시켜가는 과정을 떠올리며
우리에게는 '배우는 힘'이 있었던 것일지도 모른다며
힘들었던 당시를 떠올렸다.

2007년 11월

어머니의 장례식

12월 7일 오후 8시 10분에 어머니가 세상을 떴다.

어머니는 예전에
CCC의 감사를 맡았기 때문에
감사를 그만둔 후에도 사원들은
계속 "감사님"이라 부르며 친근하게 대했다.

9일(금)에 츠야, 10일(토)에 고별식을
개인장으로 치르지만,
많은 분들이 조문을 와주셨다.

어머니의 장례는, 부의나 조전은 사양하는 한편
꽃을 좋아한 어머니였기에 근조화는 받기로 했더니
700개가 넘는 많은 꽃으로 장례식장은 꽃밭이 되었다.

분명 어머니는 기뻐하셨으리라.

어머니의 장례식이라고 해도
회사 관련해서 어머니를 알고 있는 사람도 많아
어머니를 아는 사원이나
가까운 분이 조사를 읽어주었으면 했지만,

근조화 수도 고려하고 멀리서 오신 바쁜 조문객도 배려하여
장례식이 길어지지 않게
대표 분향과
사양했음에도 많이 보내온 조전의 알림과
마스다의 인사만으로 간단하게 식을 거행했다.

이하는 마스다의 당일 인사 원고다.

오늘 어머니 마스다 후미의 장례식에 바쁘신 중에도
조문해주셔서 정말 감사합니다.
유족을 대표하여 진심으로 감사의 마음을 전합니다.

어머니는 이번 달 7일, 오후 8시 10분에 영면하셨습니다.
86세였습니다.

어머니는 아시다시피 '건강하고 다부진 여성'으로
평소와 다름없이 오후 8시에 목욕을 하고
욕조에서 나와 한참 이를 닦던 중에
거미막하출혈을 일으켜 욕실 바닥에 쓰러지셨습니다.

원래 경동맥에 동맥류가 있었기 때문에
그것이 원인일 거라 생각하지만, 10분 후 구급차가 도착했을 때는
호흡도 심장도 멎은 상태로,
구급차 안과 구급병원에서 조처를 취했지만
불귀의 객이 되셨습니다.

다음 날 검시를 한 의사 말로는
사망 시간이 8시 10분이었기 때문에
괴로워하지 않고 기력을 잃듯이 돌아가신 것 같다고 합니다.

'남에게 폐를 끼치는 것, 남에게 흉한 모습을 보이는 것을 싫어했던
어머니다운 마지막 모습'이었다고 생각합니다.

어머니는 1924년 8월 7일 네야가와시 닌나지에 있는
히구치가의 6남매 중 장녀로 생을 받아
1946년 12월 8일 마스다가의 차남인 저의 아버지와 혼인하여
마스다 성이 되었습니다.

차남의 며느리가 된 어머니였지만 바로 집안 사정으로,
토건업 마스다구미와 요정(料亭)을 했던 마스다가의 '종갓집 며느리'가
되고 말았습니다.

이곳 히라카타회관은 그 아버지가
19년 전인 1991년 5월 17일에 수많은 분들의
전송을 받으며 머나먼 여행을 떠난 장소입니다.

아버지가 돌아가셨을 때는
도쿄에서 병원으로 향하는 신칸센 안에서
'내가 앞으로 일을 잘할 수 있을까?' 하는 생각이 들었습니다.

그 이유는, 아버지가 본가를 잇고부터
경제적으로는 절대 좋은 상황이 아니었고
그다지 '일에 잘 맞는다고 할 수 없는 성격'의 아버지가
무리를 해서 사업을 벌이거나
어머니도 함께 이런저런 돈벌이를 하느라
피곤에 절은 모습을 보고,
아버지가 그런 일을 하지 않아도 되게끔 열심히 일해왔는데,
그 아버지가 돌아가시니
그와 동시에 일할 동기를 단번에 잃어버렸기 때문입니다.

하지만 남겨진 어머니야말로
기둥을 잃어 큰일이라는 말을 누군가에게 듣고

그때 어머니가 앞으로 살아갈 동기를 만들겠다는 결심 하에
일부러 어머니에게 걱정을 끼치고,
도쿄로 회사 회의에 참석하게 하고
회사 일에 관심을 갖게 했습니다.

어머니는 그 후 직접 휴대전화를 사서 문자를 배워
얼마 전에도 집 정원의 단풍을 사진으로 보내주셨습니다.

최근에는 아이패드까지 직접 사서
사진에 음악을 곁들여 아들에게 보여주기까지 하셨습니다.
'IT 할머니'였습니다.

어머니는 또 수년 전부터 저의 퍼스널 트레이너에게 부탁하여
매주 운동을 하시며, 돌아가신 당일도
호놀룰루 마라톤에 나가는 가족을 응원하러
다음 날 하와이에 갈 채비로
당신의 방에 트렁크를 펼치고 짐 정리가 한창이셨습니다.

젊은 시절에는 고생을 했지만 만년은 가족들에게 둘러싸여
행복한 인생이었다고 생각합니다.

어머니에게는 '사람을 믿는 힘'이 있었습니다.

저는 독립하고서 몇 번이나 큰 실패를 겪었는데,
그중에서도 위성방송사업의 실패는 저 자신의 삶의 방식에

자신감을 잃게 했습니다.

실패의 원인에 관해,
어떤 사람은 "당신은 사람이 너무 좋아" 라고 말했습니다.
사람 좋다는 말을 듣고 상대의 책략에 꼼짝없이 걸려들었습니다.

그때까지는 정말로 고객의 지지를 받지 못하면
회사는 존재하지 않는다는 생각에,
오로지 고객과 거래처에 가치 있는 일을 추구해왔지만
그런 생각이 통용되지 않는 세계가 있음을 알고
너무 놀라 자신감을 잃었습니다.

어머니는 그런 실패를 했던 저를 나무라지 않고 인정하며
말없이 격려해주셨습니다.

사람을 믿는 것의 소중함을 몸소 가르쳐주신 어머니였습니다.

어머니는 가족을 포함하여 똑같이 주위 사람을
인정하고 격려했습니다.
그런 어머니에게 더 인정받고 싶어 열심히 달린 결과 지금에 이르렀습니다.

그 어머니가 오늘 저 세상으로 떠나십니다.
이렇게 많은 분들의 전송을 받으며 여행을 떠나는 어머니는 행복한 분입니다.
정말 감사합니다.

남겨진 가족에게도 변함없는 관심을 베풀어주시기 바라며
인사를 대신합니다.

오랜 세월 어머니에 대한 두터운 애정, 진심으로 감사드립니다.

무사히 고별식을 마치고 모두의 전송을 받으며

어머니는 여행을 떠났다.

지금 나는 도쿄로 향하는 신칸센 안에서
이 블로그를 쓰고 있다.

어머니가 나에게 몸소 가르쳐주신
혹은 전하고자 했던 메시지는
무엇이었을까…….

아무튼, 어머니는 적어도
내가 활기를 잃거나
일을 적당히 하는 것은
절대 원하지 않으실 테니

내일부터 우선 일을 철저히 함으로써
나의 인생을 다시 한 번 새롭게 시작해볼까 한다.

2010년 12월

절망과 가까운 희망

CCC 디자인 일을 하면서
최근에 느낀 것.
요즘 들어
회의가 막히거나
절망적인 기분이 들 때가 많다

전례가 없는 일,
한 적이 없는 일,
더구나 결과적으로 '돈 버는 사업'을
고객에게 팔아야만 하는 직업

기획회사로서
다이칸야마처럼 멋진 공간을 만들고 싶고,
어마어마하게 돈도 벌고 싶다.

잘하는 사람이 하는 것이 아니라,
젊어서 의욕이 있는
'할 수 없는 사람'에게 시켜
인재도 육성하고 싶다.
하고 싶은 게 너무 많아
항상 벽에 부딪친다.
벽에 부딪치기만 하면 괜찮지만,
시간과 돈을 낭비하고
외부로부터 신용을 잃게 되어
화가 나고 침울해진다.

기한이 있는 일은,
노력만으로 해결할 수 없을 때도 많아
절망적인 기분이 더하다.

칠흑 같은 어둠 속에서,
우울하고 어쩔 수 없는 상황에
매일 내몰리고 있다.

반면,
후타코타마가와까지 조깅을 할 때
조금씩 해결책이 보이기도 하고

생각지도 못한 사람에게
생각지도 못한 해결책을 제안받아
뜻밖에 일이 잘 풀릴 것 같은 예감도 든다.

결국, 희망이라는 녀석은
절망의 늪에 선 사람에게만
보이는 것일지도 모른다.
은혜로운 생활이나
능력 이상의 일에 도전하고 있지 않은 사람에게
희망이라는 것이 있을까?

한 적 없는 일에 도전하거나,
정말 돈 되는 사업을 하거나,

인재 육성이라는 난제를
품기 때문에 보이는 희망,

희망의 크기는
사실 절망의 크기와 비례하는 것임을 깨달았다.

그런 의미에서 최근
희망에 가득 찬 날들을 보내고 있다.

2014년 5월

바쁘다는 것

최근 텔레비전 CM에서
철학자 플라톤의 격언을 봤다.

"친절하세요.
당신이 만나는 사람은 모두 격심한 전쟁을 치르고 있으니까요."

예전에 똑같은 것을 배운 적이 있다.

바쁘다(忙)는 한자는
마음(心)을 잃고(亡) 있다, 라고 쓴다.

남을 생각할 여유나
마음이 없어지는 것을

'바쁘다'라고 한다고.

한 적 없는 일을

열심히 무리해서 하고 있으면

주위 사람이 놀고 있는 것처럼 보여

무심코 심통이 나서

말투가 거칠어진다.

젊은 시절의 마스다도 가루이자와 벨커먼즈라는

상업시설을 아무것도 모른 채 죽을힘을 다해 열심히 만들었다.

경험도 없는 26세 풋내기가 할 줄 아는 것도 없으면서

큰일을 맡아 의욕만 높았다.

그 맡게 된 일의 크기를 알았을 때

두렵고 상심했다.

그리고 다시 열심히 하는 것의 반복.

정신적으로 예민해져

남에게 인정받고 싶다는 강한 어리광이 나온다.

젊은 시절에는 가족이나 동료가

그것을 이해해주지 않을 때 자주 감정적이 되었다.

다양한 경험을 거쳐 그런 어리광은

떨칠 수 있게 되었지만,

주위 사람을 배려할 여유를 갖는 것은

63세가 된 지금도 상당히 어렵다.

그래서 바빠지면 바빠질수록

플라톤이 말한 "친절하라"는 말의 의미가
좋은 가르침이라는 생각이 들어

왠지 구원받은 듯한 요즘이다.

2014년 6월

위화감의 의미

"위화감을 소중히 합시다."

얼마 전에
어느 물건의 건축 설계 공모에서
프레젠테이션 중에
건축가가 했던 말이다.

새 자동차의 디자인은
위화감이 들 때가 많다.

일본의 독자적 휴대전화인 갈라파고스 휴대전화에 익숙해져 있던 사람에게
스마트폰은 위화감이 있었다.

자동차에 모터를 달고
달리는 것도 위화감.

네일살롱이 처음 생겼을 때도
위화감이 있었을 것이다.

위화감이란
자신의 이해 영역을 넘은
물건이나 일에 대해 느끼는 감각이다.

뒤집어 생각하면
새로운 것에는 항상 위화감을 느낀다.

반대로,
위화감을 느끼지 않는 생활이나 일은
진보가 없는 것일지도 모른다.

성공한 기업은

처음에는 세상에
위화감을 갖게 하지만
결국 받아들여져

위화감을 불식하고
세상에 정착시켰다.

오히려
그곳에서 일하는 사람은
위화감이 있는 일을 피하게 되어
진보가 멈춘다.

그래서 그 건축가는
성공한 클라이언트에게
"위화감을 소중히 해달라"고 이야기했다.

다이칸야마에 츠타야 서점을 만들었을 때도
나의 감각을 떨쳐버리지 않으면 안 될 만큼
하루하루가 위화감의 연속이었다.

이해도 안 되고
일의 순서도 짤 수 없었다.

그랬기 때문에 고객을 감동시키는
좋은 공간이 생겼다고 지금에야 생각한다.

위화감이 있다고 피했더라면
실현하지 못했을 고객가치.

기획을 한다는 것은
위화감을
받아들이는 것일지도 모른다.

열심히, 잘하려고 하면 할수록
시간이 걸려 좋은 일은 불가능하다.

다른 사람에게도 통하는 사고방식이라고 생각하거나
자신이 이해할 수 있는 사람만으로
팀을 짠다면 좋은 일은 할 수 없다.

지금 후타코타마가와의 기획 프로젝트에서는
위화감의 연속.

그 위화감을 버리려 애쓰는 매일이다.

2014년 8월

미디어는
메시지다

다른 사람에게 뭔가를 전할 때
'미디어' 그 자체가 메시지가 된다는
맥루한의 사고는
미디어가 다양화하는 현재
점점 그 말대로 되어가고 있다.

맥루한은
같은 메시지라도
신문을 통해 전한 경우와.
텔레비전을 통해 전한 경우에
전해지는 법이 다르다고 했다,

예를 들어,
인생이나 시간을 소중히 하라고
어떤 사람이 말한 경우와
마스다가 말한 경우에는 전해지는 법이 다르다.

우리는 고객을 최우선으로 생각한다고
A사의 명찰을 단 사람이 말하는 것과,
CCC의 명찰을 단 사람이 말하는 것에서도
전해지는 법이 다르다.

즉
사람이나 회사라는 주체는
존재 그 자체가 미디어이며
메시지를 내포하는
시대가 되었다고 생각한다.

그런 의미에서,
개인도 사회도 매일의 행동이나
사회와의 연관 방법이 중요하다고 생각한다.

미디어는 메시지다.

'마스다'라는 미디어가 발신하고 있는
메시지는 무엇일까.

2014년 8월

창조성은 고난으로 꽃핀다

아침에 일어났다.

여러 안건이
무거운 돌처럼 머릿속에 남은 채로.

무척이나 찌무룩한 아침.

왠지 유쾌하지 않은 기분으로
창으로 비치는 햇빛을 바라본다.

문득, 왜일까?
싶은 생각이 든다.

불가능한 일에 도전하고 있기 때문이다.

단순하게 생각한 대로 매사가 움직이지 않는다.

한두 번이라면
찌무룩할 일도 없지만.

그것이 세 번이 되고 네 번이 되고 일곱 번이 되면
역시 기가 죽는다.

떠올려본다.

다이칸야마를 만들 때 했던
기획회의를.

목표는 높았지만
해결책이 보이지 않는다

회의는 침묵, 그리고 분규,
그리고 다시 침묵.

어떻게 할 수 없는 분위기.

하지만
애매모호한 채
그런 과정을 거쳐,

애매모호한 상태로 오픈하여
직원이 경험을 쌓고, 새로운 사람과 만나고,
고객에게 배우면서 오늘의 다이칸야마가 있다.

불가능한 일을 하면
항상, 이런 모양새다.

다가올 12월에는

쇼난에서 두 번째 티사이트가 오픈한다.

그리고 지난주,

새로운 인터넷 티사이트가 런칭하여

전혀 홍보도 하지 않았는데
이용자가 목표치를 크게 웃돌고 있다.

11월의 앱 발매가 몹시 기다려진다.

그리고 드디어 내년 봄에는

후타코타마가와에
새로운 생활 제안형 가전점이,

오사카역 바로 위에
1,000평이 넘는 츠타야 서점이 개점을 앞두고 있다.

프로듀서인 가마타 군과 시라카타 군,
그리고 오가사하라 군, 물론 마스다에게도
해본 적 없는 큰 도전이다.

다이칸야마와 마찬가지로
고된 회의와 생각대로 되지 않는 일뿐.

그래서 찌무룩한 아침을 맞는다.

하지만 이 찌무룩함이나

갈 곳 없는 폐색감이야말로
새로운 빛의 원천일 거라 생각하니

뭐랄까, 일하는 사람의 얼굴 저편에
예수와 마리아가 보이는 듯하다.

신이 주신 인간의 창조성이라는 재능은
고난으로 꽃피는 것이라고 생각할 일이 최근에 늘었다.
그래서 자꾸 찌무룩한 일이 늘어가고,

기쁜 듯, 슬픈 듯……

2014년 10월

음악은 여전히 중요하다

오늘은 이름만 대면 다 아는 모 라디오방송국 사장이
회사를 방문했다.

음악 비즈니스 미래에 관한 회의.

마스다는 30년 전에
아직 일상화되지 않았던 음악을
누구라도 즐길 수 있도록 츠타야를 시작했다.

아티스트가 만드는 곡 안에
삶의 방식이 있다고 생각했고,
그런 삶의 방식을 고객이 찾고 있다고 생각했기 때문이다.

30년 전 당시,
음악을 즐기는 방법은 LP음반.

그 속에 평균 10곡의 음악이 들어 있어
그것을 들었다.

악곡의 순번은
아티스트가 만든 것이지만,

당시 청취자는 아티스트의 음악을
워크맨을 비롯하여
자신의 카세트로 만들어 듣고 싶어 했다.

그래서 아티스트가 편집한 LP음반을 파는
음반 가게가 아닌

직접 곡을 편집하여
자신만의 카세트를 만들 수 있는
대여 음반 가게가 등장했고

그것을 츠타야의 아이템으로서
받아들였다.

한 조사에 따르면,
음악을 즐기는 사람은
우울증에 걸리기 어렵다고 한다.

인생이 고달픈 젊은이에게
그 회답을 주는 것이 음악이다.

그래서 오자키 유타카 등에게는 열광적인
젊은 팬(신자)이 많다.

하지만 어른이 되어
스스로 문제를 해결할 수 있게 되면
음악의 가치는 상대적으로 낮아진다.

젊은이에게 음악은 인생의 교과서이며,
프리미어 에이지에게는
인생의 낙이자
우울증 방지의 효과(!?)

하지만 30년 전과 달리
음악은 바야흐로 일상화하여
당시 마스다가 말했던

"음악을 양배추처럼
매일 먹을 수 있도록 하고 싶다"
라는 비전은 이미 실현했다.

따라서 츠타야도
패키지에 의한 판매나 대여의 틀에 사로잡히지 않고

새로운 비즈니스 모델을 생각해야만 한다고
라디오방송국과 의기투합했다.

그 라디오방송국은
과거에 많은 아티스트를 발굴하고

추천 곡을 반복해 방송하는 헤비로테이션 방식으로
많은 팬을 만들어왔는데

그 과정에서 이 라디오방송국이
추천하는 아티스트가 좋은 반응을 얻으며 브랜드화했다.

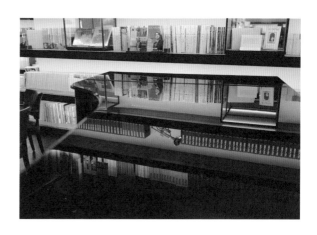

이 브랜드 가치를 지닌 라디오방송국이
라이브를 하자고 말하면
아티스트도 모이고 팬도 모인다.

이 라디오방송국의 최고 가치는
단순히 방송만 하는 것이 아니라
좋은 음악을 선별하는 감정력,

츠타야는 과연 그런 감정력을
키워왔을까.

함께 일하고 싶다고
생각한 면담이었다.

패키지의 시대이기 때문에
라이브나 인터넷 시대가 되어도
음악의 중요성은 사실 전혀 변하지 않는다고
생각했던 소중한 시간이었다.

2014년 11월

츠타야의 혁명

일전에 새 매장 기획회의에서
3년 전 다이칸야마 오픈 조례에서
마스다가 인사했던 영상을 오랜만에 함께 보았다.

이야기한 내용은 '두 가지 혁명'에 관해서다.

첫 번째 혁명은, 매장을 만드는 주권을 기업 측에서
고객 측으로 옮겨가는 혁명이다.
과거의 성공 체험에 기인한 상식이나
규범을 바탕으로, 회사 사정에 맞춰 매장을 만들어서는 안 된다.

고객의 입장에서
고객의 기분으로
고객이 원하는 매장을 만들어야 한다.

오픈 후에도 모두가 다시 고객의 입장에 서서
꼭 필요한, 그리고 생활 제안을 할 만한 매장을 만들기 바란다.

두 번째 혁명은 프랑스혁명이다.
1789년 프랑스혁명 전에 이대로의 프랑스는 안 된다고 생각한
지식인과 뜻 있는 사람이 파리의 카페에 모여

프랑스혁명은 성공했다.

프랑스혁명의 발기점이 된 카페처럼
다이칸야마 츠타야 서점도 안진 라운지도 그렇게 되었으면 한다.

이대로의 일본은 안 된다고 생각하는
지식인과 크리에이터와 사업가 등이 모여
새로운 일본의 미래와 도쿄의 거리를 의논하여
바꿔갈 수 있는 장소가 되기 바란다.

하지만 잘 생각해보면,
후타코타마가와 매장도 가전점은 그런 염원을 담아
상품과 서비스가 편집된 매장이고
다이칸야마에서 알게 된 많은 사람들과 함께 완성한 매장이다.
다이칸야마 티사이트는 충분히 살롱의 역할을
다하고 있다고 생각한다.

그리고 다시금, 후타코타마가와의 츠타야 가전이
테크놀로지 분야에서 혁명을 이루는 살롱이 되기 바란다고,
후타코타마가와를 방문한 견학자를 안내하면서 생각했다.

2015년 4월

만나고 싶은 사람이 줄어들었다

창업 무렵,
음반 대여점 카운터에서 일하면서
3,000개의 점포를 꿈꿨다.

다이칸야마 티사이트가 생기기 전,
카페 미켈란젤로의 테라스에서 '생활 제안'이라는 것에 관해 종종
머리를 싸매기도 하고
그에 필요한 데이터베이스를 어떻게 수집할지
고민하기도 했다.

그리고 후타코타마가와에 츠타야 가전을 오픈하고
다양한 사람들로부터 "함께 일하고 싶다"는
제안을 받게 되었다.

정신을 차려보니
일본을 대표하는 소매업 사장,
일본을 대표하는 가전회사 사장,
현역 장관으로부터도 "만나고 싶다"는 말을 듣고 있었다.

문득 생각하니
이 32년 동안에
만나고 싶다는 생각은 했었지만
설마 만날 수 있으리라고는 생각하지 못했던 사람들과
일을 하고 있는 지금이다.

그리고 다시 문득 생각하니
만나고 싶은 사람의 수가 격감하고 있다.
이미 만나버렸기 때문에.

꼭 만나고 싶은 사람이란,
나와 회사의 꿈을 실현하기 위해
만나야만 할 사람이었다고 생각하지만

꿈을 현실로 하는 과정에서
정말 만날 수 있었다.

'만나고 싶은 사람'이 줄어들면 인생은 쓸쓸하다.
새로운 꿈의 디자인이 필요하다.

일본 최고에서 세계 최고가 될 것을 생각했을 때,
꼭 만나야 할 사람은
일본인이 아닌 중국인이나 인도인 혹은 미국인(!?)

영어를 공부해야겠구나.

2015년 6월

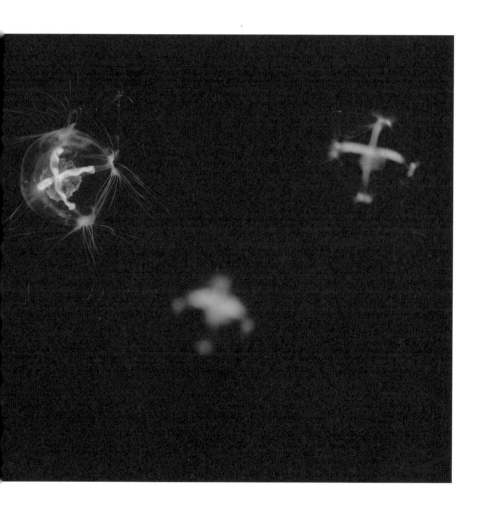

인생을 바꾸는 한 마디

마스다도
상대가 뱉은 한 마디로
'아, 이 사람과 함께해서는 안 되겠구나' 생각하거나

그 한 마디로 '평생 함께 가야겠다'
생각했던 적이 여러 번 있다.

아마
말을 뱉은 사람은 그런 것을 기대하거나
그런 식으로 될 거라는 생각 없이
무의식중에 나온 한 마디겠지만.

이 사람과 함께해서는 안 되겠다고
생각했던 '한 마디'에는

그 사람의 삶의 방식이나 사고방식이 배어 있다.
즉
상대를 소중히 하는 삶의 방식이 아닌
자기중심의 삶의 방식임을 알게 되는 한 마디로

그런 사람과는 일할 수 없다고
생각해버린다.

하지만 그런 한 마디를 뱉어서는 안 된다고 생각하면서도

말이라는 것은 은연중에 저절로 나오는 법인지라
컨트롤이 불가능하다.

발언을 컨트롤할 것이 아니라
다른 사람이 나와 함께하고 싶다는 생각을 하게 만들어야
다른 사람의 힘을
빌릴 수 있다.

그런 삶의 방식을 하고 있는가.
그것이 문제의 본질이다.

실언을 하지 않도록
생각하며 살아가야만 한다.

사람은 그 사람의 한 마디로
그 사람의 삶의 본질을 꿰뚫고
그 사람과 사귈지를 정한다.

실언이라는 것은 존재하지 않는다.

말은 몸의 무늬다.

말에 헛됨이 없고 말에 힘이 있는 사람은
분명 그런 삶의 방식을 갖고 있다.

나도 그런 삶의 방식을 가져야만 한다고
생각했던 장맛비가 내리는 아침.

2015년 7월

거만한 시선

사람은 자신을 모를 때가 많다.

남을 상처 내는 사람도, 자신이 상처를 주고 있다고는
생각하지 않는다.

아주 예전이지만,
마스다가 신세를 졌던 사람이 병원에 입원했을 때
영화를 좋아하는 그를 위해
텔레비전과 DVD를 선물했다.

물론 사전에 병문안을 가서
방 상황도 알아본 다음에 선물한 것이다.

하지만 실제로 그 사람이 DVD를 보려고 했을 때,
DVD를 데크에 넣는 장면과
전원을 켜기 위한 리모콘을 둘 장소 등,

영화를 보는 그 순간까지는
이미지하고 있지 않았다는 사실을
나중에야 알게 된 적이 있다.

나는 그 사람을 알고 있어
최적의 병문안을 할 요량이었지만,
실제로는 기분 좋게 사용할 수 있는 상황이 아니었다.

얼마 전 손님과의 술자리에서는
별 생각 없이 고기를 어느 사장에게 드렸더니
다음 날 그 사장에게서 "기분이 좋았다"는 인사 메일을 보내왔다.
단 한 조각의 고기인데
마음이 이어져 있는 기분이 들어 기뻤다.

모든 평가는 상대가 하는데
사람들은 항상 자신이 평가해버린다.

나는 당신에게 뭔가를 해주고 있다든지,
이만큼의 것을 하고 있다든지.

그런 거만한 생각이 세상에는 아주 많다.

따라서
상대의 입장에 서서,
고객의 입장에 서서,

생각하거나 물건을 만드는 것이 중요한 시대임을

새삼 사원에게 보내는 메일을 통해 눈뜨게 되었다.

2015년 7월

사람의 행동은 쌓이고 쌓인 것

이번 주에도 다양한 사람을 만났다.

많은 사람은 '고정관념'에 따라
자신의 위치를 정하거나
일과 마주하고 있다.
'이 정도면 돼'라는 고정관념.

아무리 훌륭한 사람이든 아무리 젊은 사람이든
주저함의 차이는 있지만 '이 정도면 돼'라고 생각하기 때문에
그 일과 마주하여 매일 시간을 보낼 수 있다.

그것이 정말 좋은 일인지 어떤지는
사실 알 수 없고

생각하기 시작하면 움직일 수 없기 때문에
적당히 '이 정도면 돼'라고
자신을 믿게 하려는 것일지도 모른다.

하지만 그런 얄팍한 이유는
세상의 본질, 혹은
수준이 높은 사람을 만났을 때
맥없이 무너져버린다.

그래서 되도록 그런 기분을 맛보지 않으려고
수준이 높은 사람이나 경험이 있는 사람과의 접촉을 피한다.

자신의 고정관념에 좋다고
맞장구쳐주는 사람과 무리지어 다니기 쉽다.

멋진 정치가와 만나면
그 강인한 신념과 강한 의지에
내가 좋다고 생각했던 것들이 무너져내린다.

일본의 상식에 익숙한 마스다에게
세계의 상식은 신선하고
새로운 상식을 만들고자 하는 기분을 부추긴다.

오늘 츠타야 임직원 회의 궐기회에서 만난
경험이 일천한 젊은이의
현장에서 오로지 고객만을 생각하며
진지하게 매장을 만들고 있는 이야기가
마음에 와닿아, 본부에서의 일의 자세를 다시금 생각하게 했다.

마스다는 항상 그런 '좌절'을 찾아 사람을 만난다.

왜냐하면
그 좌절이야말로 성장의 토대라고 생각하기 때문이다.

이번 주도 정말 많은 사람에게 좌절을 맛보았다.

2016년 3월

내일도 맑으면 좋겠다

신세진 사람을 잊지 않는다.
약속은 지킨다.

불가능한 일이라도 하고 싶은 일에는 도전한다.

지지 않으려고 생각한다.

어렵게 생각하지 않는다.

단순하게 인생을 즐긴다.

내일도 맑으면 좋겠다.

2016년 6월

비관은 기분, 낙관은 의지

장마 틈에 푸른 하늘.

덥지만 저기압으로 비가 내리고 있는 데 비하면
기분은 매우 긍정적이다.

매일매일 아침에 눈을 떠 비가 내리고 있으면
우울해지는 것과는 반대로.

누군가에게 들었던 격언,

"비관은 기분에 속하지만 낙관은 의지다"
라는 말.

프랑스의 철학자 알랭의 말이지만,
그 말을 가르쳐준 사람의 삶의 방식 그 자체다.

시대가 바뀔 때 일을 하여
회사가 성장하면
클라이언트 기업도 커지고
경쟁하는 상대도 커지고 강해진다.

따라서 지금까지와 같은 상태로는 뜻대로 되지 않을 때가 많다.

시대가 바뀔 때 다시 성장하려고 하면
당연히 잘 될 거라 생각하겠지만,
역시 생각대로 되지 않는 일이나
우발적 사고는 찾아온다.

생각해보면
츠타야의 프랜차이즈 사업을 시작했을 때
수억 엔이나 하는 컴퓨터를 사서
매달 리스료로 자금에 쪼들리기도 했었고,
통행인이 없는 다이칸야마에 큰 서점을 만들려고 생각했을 때도
주위 사람은 걱정했지만
나는 '이것밖에 없다'고 생각했기 때문에
확실히 비관적이 되지 않았다.

이렇게 하면 사람이 올 것이다,
이렇게 하면 가맹점이 좋아할 것이다,
나의 의지로 다양하게 생각하고
매일 대책을 강구하는 생활에 확실히 비관은 없었다.

더 말하자면, 하루하루 좋아지기 때문에 즐거웠다.

즉
미래를 개척하려는 의지가 있다면
그곳에 계획과 스토리가 생겨나
세상이 바뀌고
고객이 기뻐해주고
거래처가 팬이 되어주는 등

매일매일
긍정적인 요소가 축적되어
비관적이 될 이유가 눈에 띄지 않는다.

반대로 안이하게 아무 생각도 하지 않고 있으면
일어나는 현상에 휘둘려
자신은 운이 없다느니,
저렇게 되면 어떡하지, 이렇게 되면 어떡하지 하고 망연자실한다.

확실히
비관은 기분에 속하고
낙관은 의지다.

인생을 낙관적으로 살 것인가, 비관적으로 살 것인가.
그것은 자신의 의지에 달렸으며,
그런 삶의 방식을 가져야만 한다고 생각했다.

2016년 7월

사람을 믿는 사람

오랜만에 미디어 취재를 받았다.

마스다가 이야기했던 것은
"기획회사가 제안하는 기획은
클라이언트인 고객의 이해 영역 밖에 있다"는 것이다.

그래서 이해받지 못한다.
이해받지 못하면 팔 수 없다.
이해받는 과정의 기획은 가치가 없다.
이렇듯 기획을 파는 일은 간단하고도 어렵다.

마스다는 창업 이래,
기획의 판매 방식을 모색해왔다.

마스다가 익힌 판매 방식은
실적을 내어 숫자로 설명할 수 있도록 하거나,
강연을 하여 갖고 싶다는 생각이 들도록 영업을 하거나,
인간 그 자체나 회사를 신용하여 팔 수 있도록 하는 것이다.

그래서 신용을 얻기 위해서는 무엇이든 해왔다.

신용을 얻지 못하면 기획을 검토해주지 않고
맞붙지 않으면 성과도 없다.

하지만 30년 영업을 통해
신용을 얻는 노력도 중요하지만
사람을 신용할 수 있는 사람이 되어야만 한다는 생각을 했다.

사람을 신용할 수 없거나 좋아하지 않으면
오랜 기간 같은 사람에게 영업을 할 수도 없고,
노력도 할 수 없다.

이 사람에게 꼭 도움이 될 거라 생각할 수 있으니까,
감사받는 날이 올 거라 생각할 수 있으니까, 노력할 수 있다.

2016년 9월

거절하면서 팬을 만드는 기술

최근에 다양한 사람으로부터 부탁을 받는다.

오늘도 몇 건인가 강연 부탁이 있었다.
신세를 지고 있는 가맹 기업이나
거래처로부터의 부탁이다.

이미 10월에 3건이나 부탁받았다.

새롭게 기획하는 프로젝트에서도
담당자에게 다양한 상품 판로 확장 건이 쇄도하고 있다.

하지만 진짜 거래를 할 수 있는 담당자는
몇이나 될까?

마스다의 아버지는 '보살 마스다'라 불릴 만큼 사람이 좋아서
친척에게 보증을 서달라는 부탁을 받으면
거절하지 못하고 보증을 서주거나
곤란한 사람이라도 돈을 빌려달라는 부탁을 받으면
바로 현금을 건네기도 했다.

아들에게는 존경할 만한 아버지였지만
아버지 대에서 마스다가의 자산은 크게 줄고 말았다.

앞으로의 일에 공통되는 것은
확실한 원인이 있어 회사가 성장하면
건전하게 오래 지속되지만,
내용물(원인)이 확실치 않은데

회사의 규모를 늘리거나
제3자의 의뢰를 안이하게 받아들이면
회사는 궁지에 몰린다는 것이다.

실속이 따르는 규모 확대는 성장,
실속이 따르지 않는 확대는 팽창이다.

성장은 계속되지만
팽창은 언젠간 수축한다.

그런 의미에서 능력 이상의 일은
상대에게 싫은 얼굴을 보이더라도 가능한 한 거절하지 않으면
결국 상대에게도 폐를 끼치게 된다.

하지만 거절 방법이 잘못되면 CCC는 팬을 잃는다.

거절하면서 팬을 만드는 기술을
익히지 않으면 성장은 실현할 수 없다.

도전하지 않으면 사람도 회사도 성장하지 않지만
의미 없는 도전을 해서는 안 된다.

오늘 아침에도, 어떤 사람의 부탁에
자필 편지를 써서 정중하게 거절했다.

예전에, 닛판의 츠루타 씨가
"거절하는 것이 일이다"라고 했던 말을 떠올리면서.

2016년 9월

과감히 발을 디딜 것

맡기는 상황에 처한 사람은
항상 '맡겨도 괜찮을까?'를 생각한다.

맡게 된 상황에 처한 사람은
항상 '맡아도 될까?'를 생각한다.

즉
회사 안에는
서로 상응하는 관계가 많다.

맡을 수 있는 상황의 사람이
과감하게 맡아서 밀어붙이면
웬만한 일이 없는 한 "그만두라!"고 막는 상사는 드물다.

과감하게 맡기겠다는 판단을 하고
다 맡겨버리면
맡은 사람도 산뜻하게 일할 수 있다.

어느 쪽이든 좋으니 과감하게 '발을 디딜 것'

관계성을 바꿀 수 있는 방법은 그 길밖에 없다.
오늘은 얼마나 과감한 결단이 사내에서 행해졌을까.

2016년 10월

완벽을 목표로 하지 않는다

최근 마스다의 입버릇.

적당히 해도 돼.
완벽을 목표로 하지 마.

아마추어 아저씨 골퍼가
아무리 열심히 아무리 완벽하게 스윙을 하려고 해도
프로가 적당히 친 공에는 도저히 따라가지 못한다.

결과가 중요한 일의 장면에서는
본인이 열심히 해도
혹은 완벽을 목표로 노력하더라도
고객은 관심이 없다.

제공자 측이 적당히 하든, 힘을 빼고 있든,
가치가 있다면 고객은 '인정'해준다.

열심히 하거나 완벽을 목표로 하는 것이 아니라
적당히 해도 좋은 결과를 낼 수 있도록
실력을 축적하는 것이 중요하다는 게
마스다의 생각이다.

한 가지 일에 집중하기보다,
다양한 프로젝트를
병행하여 받아들이면서 일하는 마스다의 스타일도,
다양한 일을 함으로써
공을 멀리 날리는 힘이 몸에 밴다고 생각하기 때문이다.

한 가지 일에 집중하여 한 가지 일에 전력을 쏟아도
공을 멀리 날릴 수 있다고 장담할 수 없다.

적당히 쳐도 공은 멀리 난다.
그런 힘을 익히고 싶다.

그러려면 보통의 '트레이닝'이 필요하다.

결과를 추구하며 애써도 소용없다.
결과를 추구하여 그 자리에서 애써도 좋은 결과는 생기지 않는다.

그러니 적당히 하라고,
적당히 해도 괜찮지 않겠냐고 하는 것이다.

그래도 멀리 공을 날릴 수 있는 팀이 될 수 있도록
꾸준한 노력을 쌓으면서.

2016년 10월

YA BOOKS

자신이 가져야 할 자신의 잣대

20여 년 전에 지인의 권유로 들어간 모임이 있다.
이름은 '무명회'

마스다는 일 관계가 아닌 몇 개의 모임에 들어가 있는데
이 모임도 그중 하나다.

어젯밤 6시 30분,
아자부의 중식 레스토랑에 오랜만에 모였다.

이 모임을 시작했을 때
물론 마스다도 젊었고
세상 사람은 CCC를 알지 못했다.

그래서 '무명'

그 외에도 라쿠텐의 미키타니 사장,
퓨처아키텍트의 가네마루 사장,
전 로손의 니나미 사장(현 산토리 사장)
에치아이에스의 사와다 사장
전 갸가의 후지무라 사장(현 필로소피아 사장) 등,
지금은 무명이 아닌 유명해진 사람이 대부분.

그런 의미에서는
장래 유명해질 무명의 젊은 사람의 모임이었던 셈이 되지만
시작했을 때는
이렇게 되리라고는 생각하지 못했다.

유명해져서 사람이 모이는 것이 아니라

어떠한 공통의 가치관과 기준으로 모인
무명인의 모임.

오랜만에 만나도 금방 당시의 기분으로 돌아갈 수 있는 신기한 모임.

각자의 입장을 생각하면
좀처럼 만나기 힘든 사람뿐인데
다들 서로 기탄없이 이야기꽃을 피운다.
옛날은 무명에, 오늘은 성공한 사람의 얼굴을 보고 있자니
역시 당시부터 뭔가 다른 것을 갖고 있던 사람이라는
생각이 들었다.

일단,
수상쩍음이 없이
모두 솔직했고
모두 자신의 말로 이야기하고 있었다.

자신의 사고,
자신의 아름다움,
자신의 생각을 갖고 있었다.

지금만큼 돈과 지명도와 커다란 조직은
갖고 있지 않았지만
'자신'이라는 잣대를 갖고 있었다.

그 잣대로 사업을 크게 일구어
자금력을 축적하고, 이익을 내고, 조직을 만든 결과,
명성도 얻게 되었다.
그렇게 생각하니

누구에게나 기회는 있고
모든 것은 자기 하기 나름이라는 생각이 든다.

마스다도 돌이켜보면
어릴 적에 경험했던 것,
샐러리맨 시절에 생각했던 것 등을,
나 나름의 잣대로
해야만 하는 것,
해서는 안 되는 것을
그때그때 '스스로' 판단하며 일을 해왔다.

지금 있는 것은
그런 축적의 '결과'에 지나지 않는다.

물론, 그 경험을 통해
나의 잣대가
보다 커지고 보다 조직적이 되었다고 생각하지만.

주위만 보지 말고,
나의 잣대가 굽어져 있지는 않은지 살펴보자.
그런 생각이 들었던 오랜만의 무명회였다.

2016년 11월

혁신의 아이콘 마스다 무네아키 34년간의 비즈니스 인사이트

취향을 설계하는 곳, 츠타야

초판 1쇄 발행 2017년 11월 21일 **초판 20쇄 발행** 2024년 4월 30일

지은이 마스다 무네아키
옮긴이 장은주
펴낸이 최순영

출판2 본부장 박태근
W&G 팀장 류혜정
디자인 이세호

펴낸곳 ㈜위즈덤하우스 **출판등록** 2000년 5월 23일 제13-1071호
주소 서울특별시 마포구 양화로 19 합정오피스빌딩 17층
전화 02) 2179-5600 **홈페이지** www.wisdomhouse.co.kr

ISBN 979-11-6220-090-2 03320